NE능률 영어교과서

대한민국 고등학생 **10**명 중 **4.7**명이 보는 교과서

영어 고등 교과서 점유율 1위

(7차, 2007 개정, 2009 개정, 2015 개정)

KB124768

리딩튜터

그동안 판매된
리딩튜터 1,900만 부
차곡차곡 쌓으면 19만 미터

에베레스트 21배 높이

190,000m

에베레스트 8,848m

능률보카

그동안 판매된
능률VOCA 1,100만 부

대한민국 박스오피스
**천만명을 넘은 영화
단 28개**

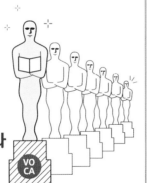

그래머존

그동안 판매된 450만 부의 그래머존을 바닥에 쭉~ 깔면

1000km 서울-부산 왕복가능

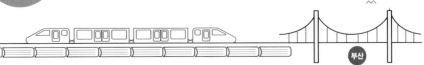

서울

부산

능률 숙어 VOCA

지은이	NE능률 영어교육연구소
선임연구원	신유승
연구원	김은정
영문 교열	Nathaniel Galletta, August Niederhaus
표지 디자인	민유화, 안훈정, 기지영
내지 디자인	박정진, 민유화, 김명진
맥편집	이인선
영업	한기영, 이경구, 박인규, 정철교, 하진수, 김남준, 이우현
마케팅	박혜선, 남경진, 이지원, 김여진

NE능률이
미래를
창조합니다.

건강한 배움의 고객가치를 제공하겠다는 꿈을 실현하기 위해
42년 동안 열심히 달려왔습니다.

앞으로도 끊임없는 연구와 노력을 통해
당연한 것을 멈추지 않고

고객, 기업, 직원 모두가 함께 성장하는 NE능률이 되겠습니다.

· 새 교육과정을 반영한 고등 필수 숙어 총정리 ·

능률 숙어 VOCA

Structure & Features

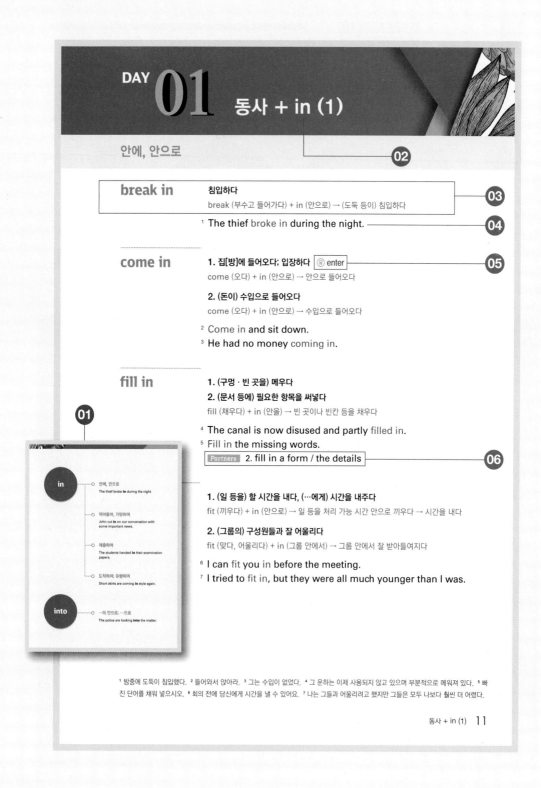

DAY 01 동사 + in (1)

02

안에, 안으로

---

break in   **침입하다**   03

break (부수고 들어가다) + in (안으로) → (도둑 등이) 침입하다

¹ The thief broke in during the night. —————— 04

---

come in   **1. 집[방]에 들어오다; 입장하다** Ⓢ enter   05

come (오다) + in (안으로) → 안으로 들어오다

2. (돈이) 수입으로 들어오다

come (오다) + in (안으로) → 수입으로 들어오다

² Come in and sit down.

³ He had no money coming in.

---

fill in   **1. (구멍 · 빈 곳을) 메우다**

2. (문서 등에) 필요한 항목을 써넣다

fill (채우다) + in (안을) → 빈 곳이나 빈칸 등을 채우다

01

⁴ The canal is now disused and partly filled in.

⁵ Fill in the missing words.

> Partners   2. fill in a form / the details   06

1. (일 등을) 할 시간을 내다, (…에게) 시간을 내주다

fit (끼우다) + in (안으로) → 일 등을 처리 가능 시간 안으로 끼우다 → 시간을 내다

2. (그룹의) 구성원들과 잘 어울리다

fit (맞다, 어울리다) + in (그룹 안에서) → 그룹 안에서 잘 받아들여지다

⁶ I can fit you in before the meeting.

⁷ I tried to fit in, but they were all much younger than I was.

---

¹ 밤중에 도둑이 침입했다. ² 들어와서 앉아라. ³ 그는 수입이 없었다. ⁴ 그 운하는 이제 사용되지 않고 있으며 부분적으로 메워져 있다. ⁵ 빠진 단어를 채워 넣으시오. ⁶ 회의 전에 당신에게 시간을 낼 수 있어요. ⁷ 나는 그들과 어울리려고 했지만 그들은 모두 나보다 훨씬 더 어렸다.

동사 + in (1)   11

2

07

08

01   부사 및 전치사의 의미 확장을 한눈에 볼 수 있도록 의미 도식화

02   구동사를 부사 및 전치사별로 분류 제시

03   동사와 부사 및 전치사의 의미 결합을 통한 과학적인 암기 방법 제시

04   학습에 도움이 되는 실용적인 예문 제시

05   해당 구동사의 유/반의어 수록

06   해당 구동사가 자주 취하는 목적어를 제시하여 자연스러운 쓰임을 보여주는 **Partners**

07   학습한 내용을 다양한 문제로 점검해 볼 수 있는 **Daily Test**

08   학습하기 용이하도록 묶음으로 제시한 혼동하기 쉬운 숙어, 뜻이 대조되는 숙어, 뜻이 비슷한 숙어.
      그리고 페이지별로 학습 후 바로 점검할 수 있는 **Check-Up**

09   암기 효과를 높여주는 무료 **MP3** 파일 제공

Tips for Studying Phrasal Verbs

 구동사(Phrasal Verbs)의 3가지 형태 알기

1) '동사 + 전치사'형   e.g. Jane **ran across** an old friend.
2) '동사 + 부사'형   e.g. They **put out** the fire.
3) '동사 + 부사 + 전치사'형   e.g. She **got down to** business.

 구동사를 구성하는 부사와 전치사의 위치 원칙

구동사를 구성하는 전치사와 부사는 동사의 목적어가 명사(구)인지 대명사인지에 따라 각각 다른 위치에 쓰인다.

전치사의 위치	목적어가 명사(구)인 경우 목적어가 대명사인 경우 } 목적어의 직전	e.g. I **depend on** your word. I **depend on** it.
부사의 위치	목적어가 명사(구)인 경우 → 목적어의 직전이나 직후	e.g. She **tried on** her hat. She **tried** her hat **on**.
	목적어가 대명사인 경우 → 목적어의 직후	e.g. She **tried** it **on**.

★ 부사와 전치사의 구분요령 ★

구동사가 들어있는 영문을 제대로 이해하려면 그 구동사가 '동사+전치사'의 형태인지 아니면 '동사+부사'의 형태인지를 확실히 구분할 수 있어야 한다.

e.g. He pushed **in** the key.

⇨ in이 전치사라면 in the key는 '열쇠 속에'란 뜻의 부사구가 되므로 위 문장은 '그는 밀었다 / 그 열쇠 속에'란 해석이 되어 의미가 통하지 않는다. pushed의 목적어도 없어 모순이다. 따라서 in은 부사가 된다. 위 문장을 He pushed the key in.으로 순서를 바꾸어 놓으면 '그는 열쇠를 안으로 밀어 넣었다.'가 되어 의미가 잘 통한다.

동사와 부사 및 전치사의 연계 학습

1) 구동사를 구성하는 동사와 부사 및 전치사의 뜻을 연관시키면 학습 능률을 높일 수 있다.
   e.g. turn off = turn(…이 되게 하다)+off([전원이] 끊어져) → 공급 따위가 중단되게 하다
   → (수도 · 전기 · 가스 등을) 잠그다, 끄다

2) 전치사 및 부사의 뜻이 서로 같은 구동사끼리 모아서 학습한다.
   e.g. use up, pay up, give up, fill up, dress up, eat up
   위 구동사에 사용된 부사 up은 모두 '완전히, 끝까지'라는 뜻이기 때문에 use up은 '다 쓰다',
   pay up은 '전액을 지불하다' 등으로 쉽게 그 뜻을 짐작할 수 있다.

3) 부사나 전치사의 의미 확장 과정을 머릿속에 그린다.

사전과 예문을 적극 활용한 어휘 학습

1) 뜻이 여러 개인 구동사는 예문을 통해 정확한 쓰임을 이해한다.
2) 뜻이 애매하다고 느껴지면 영영 사전을 통해 정확한 뉘앙스를 이해한다.
3) 구동사와 자주 쓰이는 목적어를 익혀두면 자연스럽게 활용할 수 있다.
4) 뜻이 비슷한 숙어와 유의어를 함께 알아두어 풍부한 어휘력을 기른다.

Contents

Part 02 수능 만점을 위한 필수 숙어

Study Plan

하루에 1 DAY! 50일 집중 완성!

	DAY 1	DAY 2	DAY 3	DAY 4	DAY 5
1일째	최초 학습				
2일째	복습 필수	최초 학습			
3일째	복습 권장	복습 필수	최초 학습		
4일째	훑어 보기	복습 권장	복습 필수	최초 학습	
5일째	훑어 보기	훑어 보기	복습 권장	복습 필수	최초 학습

〈능률 VOCA〉 숙어편을 활용한 효율적인 학습 TIP

01 하루에 1 DAY 분량의 숙어를 학습하고 Daily Test를 통해 점검한다.
Daily Test를 다음 날 한 번 더 풀면 확실한 복습 효과를 얻을 수 있다.

02 'Part 2 수능 만점을 위한 필수 숙어'에는 학습자들이 쉽게 혼동하는 숙어들을
모아두었다. 각 페이지의 숙어를 학습한 후에 Check-Up을 통해 학습한 숙어들을
구분할 수 있는지 바로 확인한다.

03 5일 정도 분량의 학습 범위를 누적 복습할 것을 권장한다.
학습량이 많다고 느껴질 수도 있지만 이전 DAY 숙어의 복습 횟수가 늘면 늘수록
숙어들은 더 오래 기억되기 때문에 장기적인 관점에서는 상당한 효과를 볼 수 있다.

04 학습용 MP3 파일을 활용하여 자투리 시간에 학습하면 더욱 큰 암기 효과를 기대할 수
있다.

* Part *

01

PHRASAL VERBS

DAY 01-40

in

안에, 안으로

The thief broke **in** during the night.

끼어들어, 가담하여

John cut **in** on our conversation with some important news.

제출하여

The students handed **in** their examination papers.

도착하여; 유행하여

Short skirts are coming **in** style again.

into

…의 안으로; …으로

The police are looking **into** the matter.

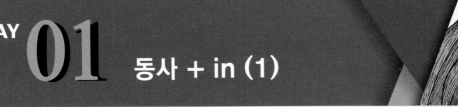

안에, 안으로

break in

침입하다

break (부수고 들어가다) + in (안으로) → (도둑 등이) 침입하다

1 The thief broke in during the night.

come in

1. 집[방]에 들어오다; 입장하다 ⓤ enter

come (오다) + in (안으로) → 안으로 들어오다

2. (돈이) 수입으로 들어오다

come (오다) + in (안으로) → 수입으로 들어오다

2 Come in and sit down.
3 He had no money coming in.

fill in

1. (구멍 · 빈 곳을) 메우다
2. (문서 등에) 필요한 항목을 써넣다

fill (채우다) + in (안을) → 빈 곳이나 빈칸 등을 채우다

4 The canal is now disused and partly filled in.
5 Fill in the missing words.
> Partners 2. fill in a form / the details

fit in

1. (일 등을) 할 시간을 내다, (…에게) 시간을 내주다

fit (끼우다) + in (안으로) → 일 등을 처리 가능 시간 안으로 끼우다 → 시간을 내다

2. (그룹의) 구성원들과 잘 어울리다

fit (맞다, 어울리다) + in (그룹 안에서) → 그룹 안에서 잘 받아들여지다

6 I can fit you in before the meeting.
7 I tried to fit in, but they were all much younger than I was.

---

¹ 밤중에 도둑이 침입했다. ² 들어와서 앉아라. ³ 그는 수입이 없었다. ⁴ 그 운하는 이제 사용되지 않고 있으며 부분적으로 메워져 있다. ⁵ 빠진 단어를 채워 넣으시오. ⁶ 회의 전에 당신에게 시간을 낼 수 있어요. ⁷ 나는 그들과 어울리려고 했지만 그들은 모두 나보다 훨씬 더 어렸다.

get in

1. 안으로 들어가다; (택시 등을) 타다

get (가다) + in (안으로) → 안으로 들어가다

2. 입학하다; 입회하다

get (…의 상태가 되다) + in (안으로) → 학교나 그룹 안으로 받아들여지다

8 They got in their car and drove off.

9 It's a very exclusive school. You have to pass an exam to get in.

lie in

1. …에 달려있다, …에 있다

lie (있다) + in (… 안에) → (문제나 특징 등이) …에 있다

2. 늦잠을 자다 ㈜ sleep in

lie (누워 있다) + in ([침대] 안에) → 계속 침대 안에서 누워 자다

10 The strength of this product lies in its durability.

11 Tomorrow is Sunday, so we can lie in.

stay in

집에 있다, 외출하지 않다

stay (머물다) + in ([집] 안에) → 외출하지 않고 집에 머물다

12 I don't feel well. I'll stay in tonight.

take in

1. 숙박시키다

take (받아들이다) + in (집 안으로) → 집에서 자게 하다

2. 섭취하다

take (받아들이다) + in (몸속으로) → 몸속으로 받아들이다

3. 이해하다 ㈜ absorb, understand

take (받아들이다) + in (머릿속으로) → 머릿속에 주입된 정보를 이해하다

13 My family took him in when he lost his parents.

14 You need to take in plenty of water.

15 She seemed to take in all he said.

---

8 그들은 차를 타고 가버렸다. 9 그곳은 일류 학교이다. 입학하기 위해서는 시험을 통과해야 한다. 10 이 제품의 강점은 그것의 내구성에 있다. 11 내일은 일요일이니까 우리는 늦잠을 자도 된다. 12 나는 몸 상태가 좋지 않아. 오늘 밤에는 집에 있을 거야. 13 우리 가족은 그가 부모를 잃었을 때 그를 우리 집에서 지내게 했다. 14 당신은 물을 많이 마셔야 합니다. 15 그녀는 그가 말한 모든 것을 이해하는 것 같았다.

끼어들어, 가담하여

break in

(대화나 활동을) 방해하다 ㉤ interrupt, disturb

break (깨뜨리다) + in (끼어들어) → 끼어들어 진행 중인 대화를 깨뜨리다

16 "I didn't do it!" she broke in.

cut in

(남의 대화에) 끼어들다, 말을 자르다 ㉤ interrupt, break in

cut (끊다, 베다) + in (끼어들어) → 대화를 끊고 끼어들다

17 John cut in on our conversation with some important news.

engage in

…에 관여하다, 참여하다; …에 관여하게 하다, 참여하게 하다

engage (관여하다) + in (가담하여) → …에 관여하다, 참가하다

18 Many students are engaged in community service.

join in

합류하다, 동참하다 ㉤ participate in

join (참가하다) + in (가담하여) → …에 합류하다

19 She laughed, and Tom joined in.

listen in

(전화 · 남의 말 등을) 엿듣다, 도청하다

listen (듣다) + in (끼어들어) → 남의 영역 속으로 끼어들어 듣다

20 You shouldn't listen in when other people are talking privately.

put in

말참견하다 ㉤ interrupt, break in, cut in

put (넣다) + in (끼어들어) → 상대의 말에 끼어들다

21 "Why don't you ask them?" he suddenly put in.

step in

(사건 · 논쟁 등에) 개입하다 ㉤ intervene

step (발을 들여놓다) + in (끼어들어) → 논쟁 등에 개입하다

22 It's time for you to step in and resolve the dispute.

---

16 "내가 안 했어!" 그녀가 끼어들며 말했다. 17 John은 중요한 소식을 가지고 우리 대화에 끼어들었다. 18 많은 학생들이 지역 봉사활동에 참여한다. 19 그녀가 웃었고 Tom도 따라 웃었다. 20 다른 사람들이 개인적인 이야기를 할 때 엿들어서는 안 된다. 21 "그들에게 부탁하지 그러니?" 그가 갑자기 끼어들었다. 22 네가 개입해서 논쟁을 해결해야 할 때야.

★ Daily Test ★

A 문맥상 밑줄 친 부분과 바꾸어 쓸 수 있는 단어를 골라 알맞은 형태로 쓰시오.

understand	intervene	enter

1 I'm not sure how much of the information she took in. _____
2 He came in the room and looked for a chair. _____
3 The police stepped in to stop their fight. _____

B 빈칸에 들어갈 알맞은 단어를 고르시오.

1 You might need some help _____ in the application form.
　① joining　　　② cutting　　　③ lying　　　④ filling

2 A man _____ in and stole the jewels last night.
　① cut　　　　② broke　　　　③ listened　　　④ put

C 빈칸에 공통으로 들어갈 단어를 쓰시오.

• To build muscle, you need to _____ in enough protein and healthy fats.
• The kind old lady offered to _____ in the poor homeless stranger.

D 우리말 해석을 참고하여 빈칸에 들어갈 단어를 알맞은 형태로 쓰시오.

1 I think I'd rather _____ in tonight.
　(오늘 저녁엔 집에 있어야겠어.)

2 Talk quietly. You never know who might be _____ in.
　(조용히 얘기해. 누가 몰래 듣고 있는지 모르잖아.)

3 She _____ in with her new colleagues straight away.
　(그녀는 곧바로 새로운 동료들과 잘 어울렸다.)

방문하여; 제출하여

drop in

잠깐 들르다, 불쑥 방문하다　㊨ call in, call on

drop (들르다) + in (방문하여) → 잠깐 들르다

¹ I dropped in to say hi.

hand in

손으로 건네다; 제출하다　㊨ submit

hand ([손에서 손으로] 건네주다) + in (제출하여) → 제출하다

² The students handed in their examination papers.
  `Partners`　hand in an essay / homework

look in

잠깐 들르다

look (보다) + in (방문하여) → 잠깐 들르다

³ On his way downtown, Jim looked in on his aunt.

put in

(요구 · 주장 따위를) 제출하다, 제기하다

put (놓다; [어떤 방향으로] 가지고 가다) + in (제출하여) → 제출하다

⁴ If the goods were damaged in the mail, you can put in a claim at the post office.
  `Partners`　put in a claim / a request

put in for

응모하다, 신청하다　㊨ apply for

put (놓다; [어떤 방향으로] 가지고 가다) + in (제출하여) + for (…을 노리고) → …을 공식적으로 신청하다

⁵ August put in for a transfer to the United States branch.

turn in

손수 건네다; 제출하다　㊨ hand in

turn (향하게 하다; 보내다) + in (제출하여) → 제출하다

⁶ Please turn in your report by four this afternoon.

---

¹ 나는 인사를 하기 위해 잠깐 들렀다. ² 학생들은 그들의 시험지를 제출했다. ³ 시내로 나가는 길에 Jim은 숙모에게 잠깐 들렀다. ⁴ 배송 중에 물건이 손상되었다면 우체국에 손해배상을 청구할 수 있다. ⁵ August는 미국 지사로의 전근을 신청했다. ⁶ 오늘 오후 4시까지 보고서를 제출해 주세요.

도착하여; 유행하여

come in

1. 도착하다 ⓨ arrive
come (오다) + in (도착하여) → 도착하다

2. 유행하다
come (오다) + in (유행하여) → 유행하다

[7] Short skirts are coming in style again.

get in

도착하다 ⓨ arrive
get (닿다) + in (도착하여) → 도착하다

[8] The plane got in late.

set in

(병·궂은 날씨 등이) 시작되다 ⓨ start, begin
set (시작되다) + in (도착하여) → 어떤 일이 일어나기 시작하다

[9] Winter sets in early in the north.

…에 대해, …을 대상으로

believe in

…의 존재를 믿다
believe (믿다) + in (…에 대해) → …의 존재를 믿다

[10] Christians believe in God and Jesus.

deal in

매매하다, 장사하다
deal (거래하다) + in (…을 대상으로) → …을 사고팔다

[11] This store deals in men's clothing.

give in

(뜻을 굽혀) 굴복하다, 응하다 ⓨ submit
give (주다) + in (…을 대상으로) → (결정권 등을) 주다 → 굴복하다

[12] They finally gave in and accepted our terms.

---

[7] 짧은 치마가 또다시 유행하고 있다. [8] 비행기가 늦게 도착했다. [9] 북쪽 지방에서는 겨울이 빨리 시작된다. [10] 기독교인들은 하나님과 예수를 믿는다. [11] 이 상점은 남성복을 취급한다. [12] 그들은 마침내 굴복하여 우리의 조건을 받아들였다.

★ Daily Test ★

A 문맥상 밑줄 친 부분과 바꾸어 쓸 수 있는 단어를 골라 알맞은 형태로 쓰시오.

arrive	submit	start

1 I'm full now, but hunger would set in soon. _____
2 The government didn't give in to the terrorist's demands. _____
3 The train from London was just coming in. _____

B 빈칸에 들어갈 알맞은 단어를 고르시오.

1 She's not afraid of the dark because she doesn't _____ in ghosts.

　　① turn 　　　　② look 　　　　③ believe 　　　④ deal

2 My car was damaged so I _____ in a claim to my insurance company.

　　① put 　　　　② came 　　　　③ dropped 　　　④ set

C 밑줄 친 부분의 의미로 가장 알맞은 것을 고르시오.

1 Players must turn in their registration form before the tournament starts.

　　① write out 　　　　② hand in 　　　　③ apply for

2 Wide collared shirts will come back in style.

　　① become popular 　　　② go up in price 　　　③ be out of fashion

D 우리말 해석을 참고하여 빈칸에 들어갈 단어를 알맞은 형태로 쓰시오.

1 I _____ in to see how he was.
　　(나는 그의 상태가 어떤지 보기 위해 잠시 들렀다.)

2 My father _____ in used cars.
　　(우리 아버지는 중고차를 매매하신다.)

DAY 03 동사 + into

···의 안으로; ···으로

be into

···에 상당히 관심을 가지다, ···에 푹 빠져있다

be (···에 있다) + into (안으로) → ··· 안으로 들어가다 → ···에 푹 빠지다

[1] I'm really into science fiction movies.

break into

1. (집 · 점포에) 침입하다

break (밀고 나아가다) + into (안으로) → 침입하다

2. 갑자기 ···하기 시작하다

break (갑자기 ···하다) + into ([상태 변화] ···으로) → 갑자기 ···하기 시작하다

3. (대화 등에) 말참견하다 ⓤ disturb, interrupt

break (밀고 들어가다) + into (대화 속으로) → 대화 중에 끼어들다

[2] Someone broke into my house and stole everything.
[3] She broke into a loud laugh.
[4] He broke into our conversation.
    Partners 2. break into a smile / a song / laughter

bump into

1. (아는 사람을) 우연히 만나다 ⓤ run into, come across

bump (마주치다) + into (···에) → ···와 마주치다

2. ···에 부딪치다 ⓤ crash into

bump (부딪치다) + into (···에) → ···에 부딪치다

[5] I bumped into my teacher at the theater.

burst into

갑자기 ···하다

burst (갑자기 ···하다) + into ([상태 변화] ···으로) → 갑자기 ···하다

[6] The girl burst into tears.
    Partners burst into tears / laughter / flames

---

[1] 나는 공상과학 영화에 정말 푹 빠져 있다. [2] 누군가가 우리 집에 침입해서 전부 훔쳐 갔다. [3] 그녀는 갑자기 큰 소리로 웃기 시작했다. [4] 그는 우리의 대화에 끼어들었다. [5] 나는 우리 선생님을 극장에서 우연히 만났다. [6] 그 소녀는 갑자기 울음을 터뜨렸다.

get into

1. …에 들어가다

get (가다) + into (안으로) → …에 들어가다

2. (학교 등의) 입학 허가를 받다

get (되다) + into (안으로) → 학교나 그룹에 받아들여지다

3. …에 연루되다

get (되다) + into (어떤 상황 속으로) → 어떤 일에 연루되다

4. (옷 등을) 입다, 신다 ㉤ put on, wear

get (되다) + into (속으로) → 옷·신발 속으로 들어가다 → 입다, 신다

7 The door was locked, so she couldn't get into the office.
8 You'll get into trouble.
9 Get into your work clothes.

go into

1. (일 등을) 시작하다

go ([일·행동 등에] 착수하다) + into (…으로) → (일 등을) 새로 시작하다

2. (시간·돈·노력 등이) …에 들어가다

go (들어가다) + into (…으로) → …에 들어가다, 쓰이다

10 He went into the tourism business.
11 A lot of time and effort have gone into this book.

look into

조사하다, 연구하다 ㉤ examine, investigate

look (주목하다; 둘러보다) + into (안으로) → (문제의 원인 등을) 조사하다

12 The police are looking into the matter.
> Partners look into a case / a matter / a problem

run into

1. 우연히 만나다 ㉤ bump into

run (급히 가다) + into (…으로) → 가다가 마주치다

2. (차 등이) …에 충돌하다

run (돌진하다) + into (…으로) → …에 돌진해 부딪치다

13 I ran into an old friend I hadn't seen for years.
14 The car ran into a lamppost.

---

7 문이 잠겨서 그녀는 사무실에 들어갈 수가 없었다. 8 너는 곤란한 상황에 처할 것이다. 9 네 작업복을 입어라. 10 그는 관광 사업을 시작했다. 11 이 책에 많은 시간과 노력이 들어갔다. 12 경찰은 그 사건을 조사하고 있다. 13 나는 수년간 만나지 못했던 옛 친구를 우연히 만났다. 14 그 차가 가로등 기둥을 들이받았다.

talk into

···을 설득하여 ~하게 하다 ⊕ talk out of

talk (이야기하여 ···시키다) + into ([변화 · 결과] ···으로) → ···을 설득하여 ~하게 하다

15 The salesperson talked me into buying the most expensive model.

turn into

···이 되다, ···으로 변하다; ···이 ~가 되게 하다

turn (변하다, 변하게 만들다) + into ([변화 · 결과] ···으로) → ···이 되게 하다

16 Many parts of the land are turning into desert.

---

15 그 판매원은 나를 설득하여 가장 비싼 모델을 사게 했다. 16 땅의 많은 부분이 사막으로 변해가고 있다.

★ Daily Test ★

A 문맥상 밑줄 친 부분과 바꾸어 쓸 수 있는 단어를 골라 알맞은 형태로 쓰시오.

investigate	wear	interrupt

1 I can't <u>get into</u> my old jeans these days. _____
2 The teacher <u>broke into</u> our conversation to correct us. _____
3 The police are <u>looking into</u> the cause of the fire. _____

B 빈칸에 들어갈 수 <u>없는</u> 단어를 고르시오.

1 I was at the supermarket when I _____ into my ex-girlfriend.
　① bumped　　② ran　　③ went
2 The two cars _____ into each other.
　① broke　　② ran　　③ bumped
3 The moment he was out of sight, she _____ into tears.
　① burst　　② broke　　③ looked

C 우리말 해석을 참고하여 빈칸에 들어갈 단어를 알맞은 형태로 쓰시오.

1 They _____ really into snowboarding.
　(그들은 스노보드 타는 데 정말 푹 빠져 있다.)
2 I was _____ into purchasing insurance.
　(나는 보험에 들도록 설득당했다.)
3 David has decided to _____ into nursing.
　(David는 간호사 일을 시작하기로 결심했다.)

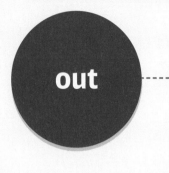

out

---○ 밖에, 밖으로

She had a tooth taken **out**.

---○ 세상에 알려져서; 드러나서

The news came **out** that the president was very sick.

---○ 끝까지, 완전히

The tickets are sold **out**.

---○ 퍼져서, 밖으로 뻗어 나가; 내밀어

The circus clown handed **out** balloons to the children.

---○ (벗어나서) 없어져; 제외하여

My suit has begun to wear **out**.

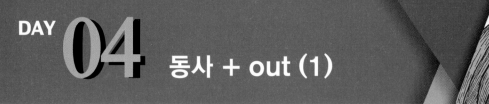

DAY 04 동사 + out (1)

밖에, 밖으로

ask out

(외출 등에) …을 불러내다, 데이트 신청하다

ask (초대하다) + out (밖으로) → 밖으로 불러내다

1 Finally, he asked her out.

bring out

끌어내다, 발휘하다; 발휘되게 하다

bring (꺼내 가다) + out (밖으로) → (능력 등을) 끌어내다; 발휘되게 하다

2 Difficult situations bring out her best traits.

burst out

갑자기 …하다, …을 터뜨리다

burst (폭발하다, 터지다) + out (밖으로) → (웃음 등이) 밖으로 터져 나오다

3 They burst out laughing when she imitated the boss.

Partners burst out crying / laughing

check out

(호텔 등에서) 계산을 하고 나오다

check (확인하다) + out (밖으로) → 확인하고 나오다

4 We loaded the car while our father checked out at the reception desk.

eat out

외식하다

eat (먹다) + out (집 밖에서) → 집 밖에서 먹다

5 Let's eat out tonight instead of cooking a meal at home.

---

1 마침내 그는 그녀에게 데이트 신청을 했다. 2 그녀의 가장 뛰어난 자질은 어려운 상황에서 발휘된다. 3 그녀가 상사를 흉내 내자 그들은 웃음을 터뜨렸다. 4 아버지가 프런트 데스크에서 계산을 하고 나오는 동안 우리는 차에 짐을 실었다. 5 오늘 밤은 집에서 식사를 준비하지 말고 외식하자.

get out of

1. …에서 나가다, 떠나다

get (이르다, 도달하다) + out of (…의 밖으로) → … 밖으로 나가다

2. (해야 할 일을) 피하다 ㊜ avoid

get (되다) + out of (…의 밖으로) → 해야 할 일에서 벗어나다

⁶ Get out of my house!
⁷ People want to get out of paying taxes.

grow out of

1. …에서 생기다

grow (발생하다, 일어나다) + out of (…에서 나와, …으로부터) → …에서 생겨나다

2. …에서 벗어나다 ㊜ outgrow

grow (차차 커지다; 발달하다) + out of (…에서 나와) → 크면서 …을 하지 않게 되다

3. (옷 등이) 작아져서 입을 수 없게 되다 ㊜ outgrow

grow (성장하다) + out of (…에서 나와) → 성장해서 옷 밖으로 나오다 → 옷이 작아지다

⁸ Most international firms have grown out of small family businesses.
⁹ Sarah still sucks her thumb, but she'll grow out of it.
¹⁰ Children quickly grow out of their clothes.

keep out

…을 안으로 들이지 않다, 들어오지 못하게 하다

keep ([어떤 상태를] 유지하다, 계속 …하게 하다) + out (밖에) → 계속 밖에 있게 하다

¹¹ Warm clothing will keep out the cold.

leak out

(정보·비밀 등이) 누설되다, 새다 ㊜ disclose

leak (새다) + out (밖으로) → 밖으로 새어 나오다

¹² I don't know how that secret information leaked out.

see out

(현관까지) 배웅하다

see (보다) + out (밖으로) → (손님이) 밖으로 나가는 것을 보다

¹³ My secretary will see you out.

---

⁶ 내 집에서 나가! ⁷ 사람들은 납세를 피하고 싶어 한다. ⁸ 대부분의 국제적인 기업은 소규모의 가족 사업에서부터 성장해 왔다. ⁹ Sarah는 아직 엄지손가락을 빨지만, 그 버릇은 없어질 것이다. ¹⁰ 아이들은 금방 커서 옷을 입을 수 없게 된다. ¹¹ 따뜻한 옷은 추위를 막아줄 것이다. ¹² 나는 그 비밀 정보가 어떻게 새어 나갔는지를 모르겠다. ¹³ 제 비서가 당신을 배웅해드릴 것입니다.

set out

1. (여행 등을) 떠나다, 출발하다 ⓨ leave, set off

set (출발하다) + out (밖을 향하여) → 떠나다

2. 배치하다 ⓨ display, arrange, lay out

set (놓다, 두다) + out (밖으로) → 보이게 두다

[14] After a three-day rest, the travelers set out again.

[15] Traders set out their goods on long tables.

slip out

무심코[엉겁결에] 말해지다

slip (스르르 빠져나가다) + out (밖으로) → 비밀 등이 입 밖으로 빠져나가다

[16] The secret slipped out.

sort out

정리하다; 가려내다, 선별하다

sort (가려내다, 분류하다) + out (밖으로) → 밖으로 골라내다

[17] You need to sort out these documents.

stick out

1. 불쑥 나오다; (신체의 일부를) 내밀다

stick (튀어나오다; 내밀다) + out (밖으로) → 불쑥 나오다; 내밀다

2. 눈에 띄다, 도드라지다 ⓨ stand out

stick (삐죽 나오다) + out (밖으로 드러나) → 눈에 띄다

[18] His feet stuck out from the blanket, as it was too small for him.

[19] One face in particular stuck out of the crowd.

take out

1. 꺼내다, 끄집어내다

take (잡다) + out (밖으로) → 끄집어내다

2. 데리고 나가다, 외출을 시켜 주다

take (데리고 가다) + out (밖으로) → 데리고 나가다

[20] She had a tooth taken out.

[21] I'm taking my girlfriend out tonight.

---

[14] 3일간의 휴식 후에 여행객들은 다시 출발했다. [15] 상인들은 자신들의 상품을 긴 탁자들 위에 배열했다. [16] 비밀을 무심코 누설해 버렸다.
[17] 너 이 서류들을 분류할 필요가 있어. [18] 담요가 그에게 너무 작아서 발이 삐죽 나왔다. [19] 군중 속에서 특히 한 사람의 얼굴이 눈에 띄었다.
[20] 그녀는 이 하나를 뽑았다. [21] 나는 오늘 밤 여자친구를 데리고 외출할 것이다.

★ Daily Test ★

A 문맥상 밑줄 친 부분과 바꾸어 쓸 수 있는 단어를 골라 알맞은 형태로 쓰시오.

avoid	arrange	disclose

1 Somebody <u>leaked out</u> a state secret on the Internet. _____
2 She always tries to <u>get out of</u> washing the dishes. _____
3 We'll need to <u>set out</u> some chairs for the meeting. _____

B 빈칸에 들어갈 알맞은 단어를 고르시오.

1 Some people prefer _____ out to cooking at home.

① eating ② seeing ③ checking ④ bursting

2 I didn't mean to tell her; it just _____ out.

① set ② stuck ③ took ④ slipped

C 빈칸에 공통으로 들어갈 단어를 쓰시오.

• An idea for a book can _____ out of your daily experiences.
• He should _____ out of wetting the bed soon.

D 우리말 해석을 참고하여 빈칸에 들어갈 단어를 알맞은 형태로 쓰시오.

1 Please _____ out her letter from my mail.
(내 우편물에서 그녀의 편지를 가려내 주세요.)

2 I almost _____ out laughing when I saw what he was wearing.
(나는 그가 입은 것을 보고 웃음을 터뜨릴 뻔했다.)

3 The castle walls were designed to _____ out the enemy.
(그 성의 벽들은 적들을 막기 위해 세워졌다.)

세상에 알려져서; 드러나서

break out

(화재 · 전쟁 등이) 발생하다, 발발하다

break (갑자기 시작하다) + out (드러나게) → 갑자기 발생하다

1 A fire broke out during the night.

carry out

실행하다; 이행하다 ㉲ fulfill

carry (진행시키다) + out (드러나게) → 실제의 상태로 드러나게 실행에 옮기다

2 We carried out the plan without difficulty.

check out

검사하다, 점검하다 ㉲ inspect, examine

check (조사하다) + out (드러나도록) → 제대로 되어 있는지 점검하다

3 The mechanic checked out the plane before take-off.

come out

1. (책이) 출판되다; (상품이) 시장에 나오다

come (나오다) + out (세상에 드러나도록) → 세상에 나오다

2. (뉴스가) 퍼지다, 알려지다

come (나오다) + out (세상에 알려지도록) → 알려지다

3. (결과가) …이 되다

come (…이 되다) + out (드러나게) → …인 상태로 드러나다

4 When will Lena's new book come out?
5 The news came out that the president was very sick.
6 Eventually, everything came out okay.

figure out

이해하다 ㉲ understand

figure (생각하다, 헤아리다) + out (드러난 상태로) → 이해해내다

7 I couldn't figure out what the teacher was talking about.

---

1 밤중에 화재가 발생했다. 2 우리는 어려움 없이 그 계획을 실행했다. 3 그 정비사는 이륙 전에 비행기를 점검했다. 4 Lena가 쓴 새 책은 언제 나오니? 5 대통령이 몹시 아프다는 소식이 알려졌다. 6 결국, 모든 것이 괜찮아졌다. 7 나는 선생님이 말씀하시는 것을 이해할 수 없었다.

find out

발견하다, 알아내다, 알게 되다

find (찾다) + out (드러나도록) → 발견하다, 알아내다

[8] He just found out that the meeting was canceled.

make out

(애써) 이해하다; 분간해내다 ⓔ understand; discern

make (이해하다) + out (드러나도록) → 이해해내다

[9] I can't make out the words in this dark room.

point out

1. 가리키다, 지적하다 ⓔ indicate

point (가리키다) + out (드러내어) → 가리켜 드러내다

2. (사실 · 실수 등을) 지적해주다

point (지적하다) + out (드러내어) → 드러내어 지적하다

[10] He pointed out our destination on the map.
[11] She pointed out that the plan would cost a lot of money.

stand out

두드러지다, 눈에 띄다 ⓔ stick out

stand ([어떤 상태에] 있다) + out (드러난 상태로) → 눈에 띄게 드러나다

[12] The sunflower stands out in the garden.

turn out

판명되다, 결국 …임이 드러나다 ⓔ prove

turn (…으로 바뀌다) + out (드러나는 상태로) → …으로 드러나다

[13] His statement turned out to be false.

work out

1. (일이) 잘 되다; 결국 …하게 되다

work (잘 되어 가다; 차차 …이 되다) + out (드러나) → …의 결과로 드러나다

2. (해결책 등을) 모색해내다; 계산하다 ⓔ calculate

work (궁리하다, 생각해 내다) + out (드러나도록) → 생각해서 드러나게 하다

[14] Things worked out pretty well in the end.
[15] We'll be able to work out a strategy by tomorrow.

---

[8] 그는 미팅이 취소되었다는 것을 막 알아차렸다. [9] 이 어두운 방에서는 이 글을 분간해낼 수 없다. [10] 그는 지도에서 우리의 목적지를 가리켰다. [11] 그녀는 그 계획에 돈이 많이 들 것이라고 지적했다. [12] 그 해바라기는 정원에서 유독 눈에 띈다. [13] 그의 말은 허위인 것으로 드러났다. [14] 일이 결국 매우 잘 되었다. [15] 우리는 내일까지 전략을 모색해낼 수 있을 것이다.

큰 소리로

call out

큰 소리로 외치다 ⊚ shout out

call (부르다, 외치다) + out (큰 소리로) → 큰 소리로 외치다

¹⁶ They called out the names of the winners.

---

cry out

고함지르다, 절규하다 ⊚ shout, yell

cry (소리치다) + out (큰 소리로) → 고함지르다

¹⁷ He cried out in fear.

---

read out

큰 소리로 읽다

read (읽다) + out (큰 소리로) → 큰 소리로 읽다

¹⁸ Read out the names as the people come in, so that we can all hear.

---

speak out

(의견 등을) 거리낌 없이 이야기하다, 분명하게 말하다

speak (말하다) + out (큰 소리로) → 거리낌 없이 이야기하다

¹⁹ No one dared to speak out against the decision.

---

¹⁶ 그들은 수상자들의 이름을 큰 소리로 불렀다. ¹⁷ 그는 두려워 고함을 질렀다. ¹⁸ 사람들이 들어올 때 이름을 큰 소리로 읽어주세요. 그래야 우리 모두가 들을 수 있으니까요. ¹⁹ 감히 누구도 그 결정에 반대하여 말하지 못했다.

★ Daily Test ★

A 문맥상 밑줄 친 부분과 바꾸어 쓸 수 있는 단어를 골라 알맞은 형태로 쓰시오.

fulfill	examine	understand	prove

1 They <u>carried out</u> his instructions speedily.
2 The document <u>turned out</u> to contain vital information.
3 Can you <u>figure out</u> how to use this software?
4 I need to get my teeth <u>checked out</u> before I go on vacation.

B 빈칸에 들어갈 알맞은 단어를 고르시오.

My dad was disappointed with me when he _____ out I had lied.

① checked   ② found   ③ read   ④ spoke

C 빈칸에 공통으로 들어갈 단어를 쓰시오.

• I'm sure it will all _____ out all right in the end.
• The music magazine will _____ out next month.

D 우리말 해석을 참고하여 빈칸에 들어갈 단어를 알맞은 형태로 쓰시오.

1 We got married a month before the war _____ out.
(우리는 그 전쟁이 발발하기 한 달 전에 결혼했다.)

2 When we play soccer, Nate _____ out as the best player.
(우리가 축구를 할 때면, Nate가 가장 뛰어난 선수로 두드러진다.)

3 Could you _____ out the person who said that?
(그렇게 말한 사람을 가리켜 주시겠습니까?)

DAY 06 동사 + out (3)

끝까지, 완전히

burn out

1. 다 태워버리다; 타버리다
2. (과로 따위로) 기진맥진하게 하다
burn (태우다; 타다) + out (완전히) → 다 태워버리다; 다 타버리다; 소진하게 하다

1 All the candles had burnt out.
2 You'll burn yourself out if you work too hard.

clean out

말끔히 청소하다, 치우다 ㊞ clear out
clean (깨끗하게 하다) + out (완전히) → 말끔히 청소하다

3 Please clean out your desk's drawers before you leave.

cut out

제거하다; 그만두다 ㊞ stop
cut (자르다) + out (완전히) → 완전히 잘라내다

4 He decided to become a vegetarian, so he cut out meat from his diet.
  Partners   cut out sweets / junk food

dry out

완전히 마르다 ㊞ dry up
dry (마르다) + out (완전히) → 물기 없이 완전히 마르다

5 Water the grass regularly to stop it from drying out.

fight out

(해결될 때까지 끝까지) 싸우다
fight (싸우다) + out (끝장이 날 때까지) → 한쪽이 이길 때까지 싸우다

6 This is nonsense. I'm going to leave them to fight it out.

---

¹ 모든 초가 다 타버렸다. ² 일을 너무 열심히 하면 기진맥진해질 것이다. ³ 떠나기 전에 책상 서랍을 깨끗이 치워주세요. ⁴ 그는 채식주의자가 되기로 결심했기 때문에 식단에서 고기를 뺐다. ⁵ 잔디가 완전히 마르지 않게 주기적으로 물을 줘라. ⁶ 이건 말도 안 된다. 난 그들이 끝까지 싸우도록 내버려 둘 것이다.

fill out

(용지 · 빈칸 등에) 필요사항을 작성하다 ㉤ fill in

fill ([구멍 · 빈자리를] 채우다) + out (완전히) → 완전히 작성하다

7 Would you please fill out this application form?

> Partners fill out a form / an application / a survey

hear out

(…의 말을) 끝까지 듣다

hear (듣다) + out (끝까지) → 상대의 말을 끝까지 듣다

8 Please hear me out before you start talking.

make out

(증서 · 수표 따위를) 작성하다 ㉤ write out

make (만들다) + out (완전히) → (서류 등을) 작성해내다

9 I'm going to make out a receipt for you.

map out

계획을 세밀하게 세우다 ㉤ plan

map (지도를 만들다) + out (철저하게, 완전히) → 계획을 세밀하게 세우다

10 They met to map out a plan of action.

> Partners map out a plan / a strategy / a route

plan out

면밀히 계획하다

plan (계획을 세우다) + out (완전한 상태로) → 면밀히 계획하다

11 He seems to have planned out the entire schedule.

sell out

다 팔아버리다; 다 팔리다

sell (팔다; 팔리다) + out (완전히) → 다 팔아버리다; 다 팔리다

12 The tickets are sold out.

spell out

1. 철자를 하나하나 읽다[쓰다]
2. 명확히 설명하다

spell (철자를 말하다[쓰다]) + out (완전히, 생략하지 않고) → 완전히 철자를
말하다[쓰다]; 자세히 설명하다

13 Children are encouraged to spell out each word.
14 Could you spell out what you want?

---

7 이 지원서를 작성해 주시겠습니까? 8 말씀하시기 전에 제 말을 끝까지 다 들어 주세요. 9 영수증을 써 드리겠습니다. 10 그들은 행동 계획을
세밀하게 짜기 위해 만났다. 11 그는 전체 일정을 면밀하게 계획해둔 듯하다. 12 티켓은 매진이다. 13 아이들은 각 단어의 철자를 하나하나 읽
도록 권장된다. 14 무엇을 원하시는지 분명히 설명해 주시겠습니까?

tire out

녹초가 되게 하다 ⊕ exhaust

tire (피곤하게 하다) + out (완전히) → 피곤해서 녹초가 되게 하다

[15] She was tired out by the long journey.

try out

써보다, 시험하다 ⊕ test

try (시험하다) + out (철저히) → 철저히 시험하다

[16] The idea sounds good, but it needs to be tried out.

---

[15] 그녀는 오랜 여행으로 기진맥진했다. [16] 그 아이디어는 좋은 것 같지만 시험해 볼 필요가 있다.

★ Daily Test ★

A 문맥상 밑줄 친 부분과 바꾸어 쓸 수 있는 단어를 골라 알맞은 형태로 쓰시오.

plan	exhaust	test

1 Her future had been <u>mapped out</u> by her parents. _____
2 I hope to <u>try out</u> my new running shoes this weekend. _____
3 All that exercise really <u>tired me out</u>. _____

B 빈칸에 들어갈 알맞은 단어를 고르시오.

The shirts were _____ out last week, but now they are back in stock.

① planned   ② sold   ③ dried   ④ burnt

C 빈칸에 공통으로 들어갈 단어를 쓰시오.

• Let me _____ out why we need more money.
• A: Could you _____ out your first name out again?
  B: J-O-A-N-N-E.

D 우리말 해석을 참고하여 빈칸에 들어갈 단어를 알맞은 형태로 쓰시오.

1 _____ me out, and I'll explain everything.
  (내 말을 끝까지 들어봐. 내가 모든 걸 설명해줄게.)

2 During the night, the campfire _____ out.
  (밤사이에 모닥불이 다 타버렸다.)

3 I don't enjoy _____ out questionnaires.
  (나는 설문지의 빈칸을 작성하는 것을 좋아하지 않는다.)

퍼져서, 밖으로 뻗어 나가; 내밀어

give out
(빛 · 소리 등을) 발하다, 발산하다 ㈜ emit
give ([빛 · 소리를] 발하다, 내다) + out (퍼져서) → 빛 · 소리 등을 내서 퍼지게 하다

1 These light bulbs give out little heat.
Partners give out light / heat

hand out
나누어 주다 ㈜ distribute
hand (건네주다) + out (퍼뜨려) → 여러 사람에게 배부하다

2 The circus clown handed out balloons to the children.

lay out
1. 펼치다, 진열하다 ㈜ display
lay (놓다) + out (펼쳐서) → 펼쳐 놓다

2. (도시 · 정원 따위를) 설계하다
lay (배치하다) + out (펼쳐서) → 설계하다

3 Lay the map out so that we can all see it.
4 This garden is beautifully laid out.

reach out
(손 등을) 내밀다, 뻗다
reach ([손 등을] 뻗다) + out (쑥 내밀어) → 손을 내밀어 뻗다

5 He reached out for his wife.

spread out
1. 펼치다 ㈜ unfold
spread (펴다) + out (펼쳐서) → 펼쳐 놓다

2. (영역 등이) 퍼지다
spread (…에 미치다, 이르다) + out (퍼져서) → 확장하다

6 David spread a chart out on the table.
7 The rioting spread out across the city.

---

1 이 전구들은 열을 거의 발생시키지 않는다. 2 서커스의 광대는 아이들에게 풍선을 나누어 주었다. 3 지도를 펼쳐서 우리 모두 볼 수 있게 해라. 4 이 정원은 아름답게 설계되어 있다. 5 그는 아내에게로 손을 뻗었다. 6 David는 탁자 위에 차트를 펼쳤다. 7 폭동이 도시 전역으로 퍼져 나갔다.

(벗어나서) 없어져; 제외하여

count out

제외하다 ㉤ exclude

count (셈에 넣다) + out (제외하여) → 셈에서 제외하다

8 If you're going for a walk in the rain, you can count me out.

drop out

(경쟁 등에서) 낙오하다; 중퇴하다

drop (탈락하다, 중퇴하다) + out (구성원 집단에서 제외된 상태로) → 낙오하다

9 One of the runners dropped out.

fade out

(화면 · 음향이) 점차 희미해지다

fade (희미해지다, 약해지다) + out (없어져) → 점점 약해져 소멸하다

10 The voice on the radio faded out.

go out

1. (불 등이) 꺼지다
2. (유행이) 쇠퇴하다

go ([어떤 상태에] 이르다) + out (소멸하여) → 소멸하게 되다

11 Suddenly, all the lights went out.
12 Long hair has gone out of style.

help out

(어려움에 처한 …을) 돕다

help (돕다) + out (문제 등에서 벗어나도록) → 돕다, 도와주다

13 I sometimes help out at my parents' store.

knock out

(남을) 때려눕히다, 녹아웃 시키다

knock (타격을 가하다) + out (의식이 없어져) → 쳐서 무의식 상태가 되게 하다

14 The champion knocked his opponent out in the third round.

leave out

빠뜨리다; 생략하다 ㉤ omit

leave ([어떤 상태가] 되게 하다) + out (제외하여) → 빼먹다

15 I left out an important point.

---

8 비가 오는데 산책하러 가겠다면 나는 빼도 돼. 9 주자 중 한 사람이 낙오했다. 10 라디오의 목소리가 점점 작아졌다. 11 갑자기 모든 불이 꺼졌다. 12 장발은 유행이 지났다. 13 나는 때때로 부모님의 가게에서 일을 돕는다. 14 그 챔피언은 상대방을 3라운드에서 녹아웃 시켰다. 15 나는 중요한 사항을 빠뜨렸다.

pass out

의식을 잃다, 기절하다 ⓨ faint

pass ([상태가 변하여] ···되다) + out (의식이 없는) → 의식을 잃다

16 She almost passed out in the crowded subway.

put out

(불 등을) 끄다 ⓨ extinguish

put (···한 상태로 만들다) + out (소멸하여) → 소멸하게 하다

17 The firefighters soon put out the fire.

`Partners` put out a fire / a cigarette / a candle

rule out

(규정 등에 의하여) 배제하다, 제외하다 ⓨ exclude

rule (판결하다, 결정하다) + out (제외하여) → 결정을 통하여 제외하다

18 She did not rule out the possibility of moving into another city.

run out

다 써버리다 (of); 바닥나다

run (···이 되다) + out (없어져) → 다 써버리다

19 He ran out of time and couldn't finish the exam.
20 What will the world do when its supply of oil runs out?

wash out

씻어내다

wash (씻어내다) + out ([먼지 · 자국이] 없어져) → 씻어내다

21 Don't you ever wash out your coffee cups?

wear out

1. 많이 써서 낡게 하다, 닳게 하다; 닳다

wear (닳아지게 하다) + out (소멸하여) → 닳아 없어지게 하다

2. 지치게 하다 ⓨ exhaust

wear (지치게 하다) + out (소멸하여) → 지쳐서 힘이 없게 하다

22 My suit has begun to wear out.
23 Looking after the children wears me out.

wipe out

쓸어버리다, 파괴하다

wipe (제거하다, 지워 버리다) + out (소멸하여) → 소멸시켜 제거하다

24 The typhoon wiped out the entire town.

---

16 그녀는 붐비는 지하철에서 거의 의식을 잃을 뻔했다. 17 소방관들이 곧 불을 껐다. 18 그녀는 다른 도시로 이사할 가능성을 배제하지 않았다. 19 그는 시간이 없어서 시험 답안을 다 작성할 수 없었다. 20 석유 공급이 바닥나면 세상은 무엇을 할까? 21 넌 커피잔을 도대체 씻지 않는 거니? 22 내 양복이 닳기 시작했다. 23 그 아이들을 돌보는 것은 나를 지치게 한다. 24 그 태풍은 마을 전체를 쓸어버렸다.

★ Daily Test ★

A 문맥상 밑줄 친 부분과 바꾸어 쓸 수 있는 단어를 골라 알맞은 형태로 쓰시오.

distribute	exclude	extinguish

1 It took firefighters three hours to put out the fire. _____
2 Could you help me hand out these brochures? _____
3 The police are not ruling out any suspects at this point. _____

B 빈칸에 공통으로 들어갈 단어를 쓰시오.

1 • The fire will _____ out once the wood is gone.

   • It seems that jeans will not _____ out of fashion for a while.

2 • I have had these shoes for so long that I have _____ them out.

   • The kids were _____ out after practicing for three hours.

C 우리말 해석을 참고하여 빈칸에 들어갈 단어를 알맞은 형태로 쓰시오.

1 _____ out and grab the ball before it rolls away.
   (공이 굴러가기 전에 손을 뻗어 공을 잡아라.)

2 At the end of the film the music _____ out.
   (영화의 끝부분에서 음악 소리가 점점 작아진다.)

3 Too many students _____ out of college after only one year.
   (상당수의 학생들이 불과 1년 만에 대학을 중퇴한다.)

4 The world's oil will _____ out in less than 50 years, so we need to find other resources.
   (세계의 석유는 50년도 안 되어 고갈될 것이므로 우리는 다른 자원들을 찾아야 한다.)

up

위로; 똑바로

He fell and couldn't get **up**.

상승하여; 보다 높은 수준으로

Please don't turn **up** the radio.

다가가서; 따라잡아, 맞먹어

You go ahead, and I'll catch **up** with you later.

완전히, 끝까지

We used **up** all the sugar.

나타나서, 드러나서

Did everybody show **up** for the party?

작은 조각으로

She chopped **up** a carrot.

위로; 똑바로

back up

후원하다, 지지하다 ㉠ support

back (후원하다, 지지하다) + up (위로 떠받쳐) → …을 지지하다

1 We need facts to back up our statements.

build up

(재산 · 인격 · 자신감 등을) 쌓다, 쌓아 올리다 ㉠ accumulate

build (세우다, 건립하다) + up (위로) → 쌓아 올리다

2 The trading company has built up a good reputation.

Partners build up confidence / a reputation / strength

dig up

파내다

dig (파다) + up (위로) → …을 파내다

3 They're digging up the road in front of our house.

get up

(앉거나 누운 상태에서) 일어나다 ㉠ rise

get (되다) + up (위로) → 일어나다, 일어서다

4 He fell and couldn't get up.

hang up

1. (옷 등을) 걸다; 걸려 있다
2. 전화를 끊다

hang (걸다) + up (높은 곳에) → …을 걸다; 전화를 끊다

5 Give me your coat. I'll hang it up for you.
6 She hung up the phone and sat back down in her chair.

hold up

떠받치다 ㉠ support

hold (잡고 있다) + up (위쪽으로) → …을 떠받치다, 지지하다

7 The tent was held up by metal poles.

---

¹ 우리의 진술을 뒷받침할 수 있는 사실들이 필요하다. ² 그 무역회사는 좋은 평판을 쌓았다. ³ 그들은 우리 집 앞의 도로를 파헤치고 있다.
⁴ 그는 넘어져서 일어날 수 없었다. ⁵ 코트를 저에게 주세요. 걸어 드릴게요. ⁶ 그녀는 전화를 끊고 다시 의자에 앉았다. ⁷ 쇠막대기가 그 천막을 떠받치고 있었다.

lift up

들어 올리다 ㊌ raise

lift (들어 올리다) + up (위로) → 위로 들어 올리다

⁸ The stone is too heavy to lift up.

look up to

존경하다 ㊌ respect, admire

look (보다) + up (위로) + to (향하여) → …을 올려보다, 존경하다

⁹ They all look up to her as their leader.

pick up

1. 줍다, 집어 올리다

2. (차로) 도중에 태우다

pick (골라잡다) + up (위로) → …을 집어 올리다; (차로) 태우다

¹⁰ Sam dropped his pen and bent over to pick it up.

¹¹ I picked her up at her house.

pile up

쌓이다; 쌓다, 쌓아 올리다

pile (쌓이다, 쌓아 올리다) + up (위로) → 쌓이다; 쌓아 올리다

¹² We piled up the boxes outside the house.

prop up

(버팀목 등으로) 받치다

prop (받치다) + up (위쪽으로) → 떨어지지 않게 위로 받치다

¹³ Wooden beams were used to prop up the roof.

put up

(집 따위를) 짓다, 세우다 ㊌ build, erect

put (놓다) + up (위로, 똑바로) → 짓다, 세우다

¹⁴ We hiked into the forest and put up a tent.

sit up

1. 일어나 앉다

sit (앉다) + up (똑바로, 세워서) → 일어나 앉다

2. 자지 않고 앉아서 보내다

sit (앉다) + up (일어난 상태로) → 늦게까지 자지 않고 있다

¹⁵ I sat up in bed, wondering what time it was.

¹⁶ He sits up late at night watching TV.

---

⁸ 그 돌은 너무 무거워서 들어 올릴 수가 없다. ⁹ 그들 모두가 그녀를 지도자로서 존경한다. ¹⁰ Sam은 펜을 떨어뜨려서 그것을 줍기 위해 몸을 굽혔다. ¹¹ 나는 그녀의 집에서 그녀를 차에 태웠다. ¹² 우리는 상자들을 집 밖에 쌓았다. ¹³ 지붕을 받치는 데 목재 들보가 사용되었다. ¹⁴ 우리는 숲으로 하이킹을 가서 텐트를 쳤다. ¹⁵ 나는 몇 시나 됐을지 궁금해하면서 침대에서 일어나 앉았다. ¹⁶ 그는 밤늦게 텔레비전을 보며 자지 않는다.

stand up for

(권리 · 주장을) 옹호하다, 지지하다 ⓨ defend, support

stand (서다) + up (위쪽으로) + for (…을 위해) → …을 위해 일어서다 → 옹호하다, 지지하다

[17] More people are beginning to stand up for children's rights.

---

stay up

자지 않고 일어나 있다 ⓨ sit up

stay ([어떤 상태에] 머물다, …한 채로 있다) + up (일어난 상태로) → 일어나 있다

[18] I stayed up reading until midnight.

---

throw up

(먹은 것을) 토하다 ⓨ vomit

throw (분출시키다) + up (위로) → 위로 내뿜다 → 토하다

[19] Last night he got food poisoning and threw up.

---

[17] 더 많은 사람들이 어린이들의 인권을 옹호하기 시작하고 있다. [18] 나는 자정까지 책을 읽으며 깨어 있었다. [19] 어젯밤 그는 식중독에 걸려서 먹은 것을 토해냈다.

★ Daily Test ★

A 문맥상 밑줄 친 부분과 바꾸어 쓸 수 있는 단어를 골라 알맞은 형태로 쓰시오.

| accumulate | respect | vomit |

1 Most children look up to their parents. _____
2 The smell was so terrible that it made me want to throw up. _____
3 The singer built up a huge fan base with her great songs. _____

B 빈칸에 들어갈 알맞은 단어를 고르시오.

1 They brought shovels to _____ up the hidden treasure.
  ① pile   ② stay   ③ dig   ④ back

2 The heavy rain destroyed some of the pillars _____ up the bridge.
  ① getting   ② picking   ③ hanging   ④ holding

C 빈칸에 공통으로 들어갈 단어를 쓰시오.

• Will you please _____ up your coat on the rack?
• I have to _____ up now, but I'll call you back later.

D 우리말 해석을 참고하여 빈칸에 들어갈 단어를 알맞은 형태로 쓰시오.

1 He _____ up the lid of the box and took out some cookies.
  (그는 상자의 뚜껑을 들어 올려 쿠키를 꺼냈다.)

2 I'll _____ you up at five in front of your house.
  (너희 집 앞으로 5시에 차로 데리러 갈게.)

3 I usually _____ up late the night before a test.
  (나는 보통 시험 전에는 밤늦게까지 자지 않는다.)

동사 + up (2)

상승하여; 보다 높은 수준으로

bring up

키우다 ㈜ rear, raise

bring ([어떤 상태 등에] 이르게 하다) + up (높은 수준으로) → 키우다

[1] She brought up five children.

Partners bring up children / a daughter / a son

go up

(가격·온도 등이) 상승하다 ㈜ rise, increase

go (되다) + up (상승하여) → 상승하다

[2] The price of oil has gone up by over 50 percent in less than a year.

grow up

성숙하다, 어른이 되다

grow (성장하다, 크다) + up (높은 쪽으로) → 어른이 되다

[3] Susan wants to be a doctor when she grows up.

hurry up

서두르다

hurry (서두르다) + up (더 높은 정도로 → 더 빠른 속도로) → 서두르다

[4] Hurry up, or you'll be late for school.

speak up

큰 소리로 말하다

speak (말하다) + up (더 높게) → 크게 말하다

[5] Speak up, please. I can't hear you.

speed up

속도를 높이다

speed (서두르다) + up (증가하여) → 속도를 높이다

[6] The company wants to speed up production of the new car.

---

[1] 그녀는 다섯 아이를 키웠다. [2] 1년도 채 안 되어 기름값이 50% 이상 올랐다. [3] Susan은 커서 의사가 되기를 원한다. [4] 서둘러라, 그렇지 않으면 학교에 늦겠다. [5] 좀 더 크게 말씀해 주세요. 잘 안 들려요. [6] 그 회사는 새 차의 생산 속도를 높이고 싶어 한다.

step up

(양·속도 따위를) 증가시키다, 강화하다 ⓤ increase, intensify

step (걸음을 옮기다, 나아가다) + up (증가하여) → 증가시키다

7 The president has stepped up the pressure on the groups to come to an agreement.

Partners step up efforts / the pace / pressure / security

turn up

(라디오·텔레비전 등의) 소리를 크게 하다; (조명·난방 등을) 밝게[세게] 하다

turn (되게 하다) + up (증가하여) → 크게 하다; 세게 하다

8 Please don't turn up the radio.

활발하게, 활동하여

cheer up

격려하다, 기운 나게 하다; 기운 내다

cheer (격려하다) + up (기운차게) → 격려하여 기운 나게 하다

9 The girl said that our visit cheered her up.

set up

(사업 등을) 시작하다; (단체를) 창설하다 ⓤ establish

set (착수하다) + up (활동 상태로) → 시작하다

10 The group plans to set up a business.

start up

1. (사업 등을) 시작하다 ⓤ set up

start (시작하다) + up (활동 상태로) → 시작하다

2. (엔진·차 등을) 시동시키다

start (시동시키다, 움직이게 하다) + up (활동 상태로) → 시동을 걸다

11 She left the company last year to start up her own business.
12 Turn the key to start up the car.

---

7 회장은 그 단체들이 합의에 이르도록 압력을 강화했다. 8 라디오 소리를 크게 틀지 마시오. 9 그 소녀는 우리의 방문이 힘이 된다고 말했다.
10 그 단체는 사업을 시작할 계획이다. 11 그녀는 자신의 사업을 시작하기 위해 작년에 그 회사를 그만두었다. 12 키를 돌려서 그 차의 시동을 걸어라.

take up

1. (새로운 활동을) 시작하다; (이야기 따위를) 다시 시작하다

take ([행동 따위를] 취하다, 하다) + up (활동 상태로) → 새로운 활동을 시작하다

2. (시간 · 장소 따위를) 차지하다 ⊕ occupy

take (자리 잡다) + up (활동 상태로) → 차지하다

[13] Peter took up writing poetry while at school.

[14] This big clock takes up too much space in the small hall.

`Partners` 2. take up room / space / time

---

warm up

준비 운동을 하다

warm (따뜻하게 하다) + up (활발한 상태로) → 따뜻하게 하여 활발하게 하다

[15] Players spend some time warming up before the game.

---

[13] Peter는 학교에 다닐 때 시를 쓰기 시작했다. [14] 이 큰 시계는 좁은 복도의 공간을 너무 많이 차지한다. [15] 선수들은 경기에 앞서 준비 운동하는 시간을 갖는다.

★ Daily Test ★

A 문맥상 밑줄 친 부분과 바꾸어 쓸 수 있는 단어를 골라 알맞은 형태로 쓰시오.

> occupy   raise

1 It's not easy for working families to <u>bring up</u> children. _____
2 These files <u>take up</u> a lot of disk space. _____

B 빈칸에 들어갈 알맞은 단어를 고르시오.

I've brought someone special to see you to help _____ you up.

① go   ② cheer   ③ turn   ④ set

C 밑줄 친 부분의 의미로 가장 알맞은 것을 고르시오.

1 We are losing. Let's <u>step up</u> the pace.
   ① raise our spirits   ② control the speed   ③ increase in speed
2 If we don't <u>hurry up</u>, we will miss the start of the show.
   ① make haste   ② slow down   ③ prepare thoroughly

D 우리말 해석을 참고하여 빈칸에 들어갈 단어를 알맞은 형태로 쓰시오.

1 Greenhouse gases _____ up climate change.
   (온실가스가 기후 변화를 가속화시킨다.)
2 She got into the car and _____ up the engine.
   (그녀는 차에 타서 시동을 걸었다.)
3 Boxers _____ up for about one hour for before a fight.
   (복싱 선수들은 경기 전에 약 한 시간 동안 준비 운동을 한다.)
4 You need to _____ up so that everyone can hear you.
   (너는 모든 사람들이 들을 수 있게 큰 소리로 말해야 한다.)

다가가서; 따라잡아, 맞먹어

be up to

1. …을 감당하다
be (이다) + up (맞먹어) + to (…와) → …와 맞먹는 상태가 되다

2. …의 책임이다; …가 결정할 일이다
be (이다) + up (닥쳐온, 다가온) + to (…에게) → …에게 닥쳐온 → …의 책임이다

¹ He is not up to the task.
² It's up to you to finish the job.

catch up

1. (움직이는 사람 · 물건을) 따라잡다 (with) ⓨ overtake
2. 뒤처진 것을 만회하다 (on)
catch (잡다, 붙들다) + up (다가가서) → 다가가서 따라잡다; 만회하다

³ You go ahead, and I'll catch up with you later.
⁴ I have to catch up on my sleep tonight.

come up against

(문제 · 반대 등에) 직면하다
come (가다, 오다) + up (다가가서) + against (…에 부딪혀) → …에 부딪히다

⁵ We came up against an obstacle.

come up to

1. …에 가까이 가다 ⓨ approach
come (가다, 오다) + up (다가가서) + to (…에) → …에 가까이 가다

2. (수준 · 기대 등에) 달하다 ⓨ match
come (가다, 오다) + up (같은 수준으로, 맞먹어) + to (…에) → …에 달하다

⁶ A man came up to me and asked for money.
⁷ The performance didn't come up to our expectations.
Partners 2. come up to standard / expectations

---

¹ 그는 그 일을 감당할 수 없다. ² 그 일을 끝내는 것은 너의 책임이다. ³ 네가 먼저 가렴, 내가 나중에 따라갈 테니. ⁴ 난 오늘 밤에 밀린 잠을 자야 한다. ⁵ 우리는 난관에 직면했다. ⁶ 어떤 남자가 나에게 다가와 돈을 달라고 했다. ⁷ 그 공연은 우리 기대에 미치지 못했다.

face up to

(사람 · 문제 등에) 용감하게 맞서다; …을 인정하고 대처하다

face (정면으로 대하다, 맞서다) + up (다가가서) + to (…쪽으로) → 직시하다, 맞서다

8 He was the only one who faced up to the facts.

feel up to

…을 할 기분이 들다; …을 할 수 있을 것 같다

feel (…한 기분이 들다) + up (맞먹어) + to (…까지) → …을 감당할 기분이 들다

9 Do we have to go to the party? I really don't feel up to it.

keep up with

(사람 · 시류 등에) 뒤떨어지지 않게 따라가다

keep ([어떤 상태를] 유지하다) + up (나란히, 맞먹어) + with (…와) → …와 나란한 상태를 유지하다

10 The international situation changes so quickly nowadays that I cannot keep up with it.

live up to

(기대 · 명성 등에 따라) 생활하다; (기대 등에) 부응하다　ⓨ match

live (살다) + up (맞먹어) + to (…까지, …할 만큼) → …에 걸맞게 살다

11 The film did not live up to my expectations.

Partners live up to expectations / one's name / one's reputation

make up for

(손해 등을) 보상하다, 만회하다　ⓨ recover, compensate for

make (만들다) + up (맞먹게) + for (…에 대해) → 그 수준까지 만들다 → 벌충하다, 보상하다

12 He made up for lost time by driving fast.

계속하여

hold up

(어떤 상태를) 지속하다; 견디다

hold ([어떤 상태를] 유지하다) + up (계속하여) → 계속해서 상태를 유지하다

13 How are you holding up under this pressure?

---

8 그는 그 사실을 인정하는 유일한 사람이었다.　9 우리 파티에 가야 해? 나 정말 그럴 기분이 아니야.　10 요즘은 국제정세의 변화가 너무 빨라서 도저히 따라갈 수가 없다.　11 그 영화는 나의 기대에 못 미쳤다.　12 그는 과속하여 지연된 시간을 만회했다.　13 이 압박 속에서 너는 어떻게 견디고 있니?

keep up

(상태 등을) 유지하다 ㉤ maintain, continue

keep ([어떤 상태로] 유지하다) + up (계속하여) → 계속 유지하다

¹⁴ How much does this large house cost to keep up?

put up with

(불평하지 않고) 참고 견디다 ㉤ stand, endure, tolerate, bear

put (가다, 나아가다) + up (계속하여) + with (…와 함께) → …와 계속하여 함께 나아가다

¹⁵ I can't put up with your rudeness anymore.

정지 상태로

draw up

(차 등이) 서다

draw (끌다, 끌어당기다) + up (정지 상태로) → …에 와서 정지하다

¹⁶ A taxi drew up outside the hotel.

let up

(비 · 눈 등이) 멎다, 약해지다 ㉤ ease up

let (…으로 되게 하다) + up (끝나는 상태로) → 끝나다, 멎다

¹⁷ When will this rain let up?

pull up

(차가) 멈추다 ㉤ draw up

pull (주차하다) + up (정지 상태로) → 차가 멈추다

¹⁸ The car pulled up outside the station.

---

¹⁴ 이 큰 집을 유지하는 데는 비용이 얼마나 듭니까? ¹⁵ 나는 더 이상 너의 무례함을 참을 수가 없다. ¹⁶ 택시 한 대가 호텔 밖에 멈추어 섰다.
¹⁷ 이 비가 언제 멎을까? ¹⁸ 차가 역 밖에 멈추어 섰다.

★ **D a i l y   T e s t** ★

A 문맥상 밑줄 친 부분과 바꾸어 쓸 수 있는 단어를 골라 알맞은 형태로 쓰시오.

> endure   approach   recover

1 A stranger came up to me and said hi. _____
2 How are you going to make up for the loss? _____
3 People living in big cities have to put up with a lot of pollution. _____

B 빈칸에 들어갈 알맞은 단어를 고르시오.

1 I was absent so I need to _____ up on my schoolwork.

① catch   ② come   ③ face   ④ hold

2 Although I really like the singer, her concert didn't _____ up to my expectations.

① feel   ② keep   ③ live   ④ put

C 빈칸에 공통으로 들어갈 단어를 쓰시오.

• We always try to _____ up with our competitors.
• Changing the oil regularly helps _____ up the performance of your car.

D 우리말 해석을 참고하여 빈칸에 들어갈 단어를 알맞은 형태로 쓰시오.

1 When the taxi _____ up, I was surprised to see my old friend get out.
   (택시가 멈췄을 때, 나의 옛 친구가 내리는 것을 보고 놀랐다.)
2 The sailing trip was fun until we _____ up against a terrible storm.
   (심한 폭풍을 만나기 전까지는 항해가 재미있었다.)
3 She didn't _____ up to driving after the accident.
   (그 사고 후 그녀는 운전할 엄두가 나지 않았다.)
4 No one can help you lose weight. It _____ up to you to eat right and exercise.
   (아무도 네가 살을 빼는 것을 도와줄 수 없다. 바르게 먹고 운동을 하는 것은 너에게 달렸다.)

완전히, 끝까지

blow up

폭발하다; 폭파하다 ㈜ explode

blow (폭발하다; 폭파하다) + up (완전히) → 완전히 폭발하다; 폭파하다

¹ The soldiers blew up the enemy bridge.

---

check up on

(제대로 하고 있는지) 확인하다, 점검하다

check (살피다, 점검하다) + up (모두, 요구된 점까지) + on (…에 대해) → …에 대해 모두 확인하다

² My mom checked up on us to make sure we were studying.

---

clean up

청소하다, 깨끗이 치우다; (부패 등을) 정화하다

clean (깨끗이 하다) + up (모두, 완전히) → 깨끗이 청소하다; (부패 등을) 근절하다

³ They didn't clean up after eating breakfast.

---

close up

닫다, 폐쇄하다

close (닫다) + up (완전히) → 완전히 닫다

⁴ She closed up her shop and went home.

---

cover up

감추다, 은폐하다 ㈜ conceal, hide, suppress

cover (덮다) + up (완전히) → 안 보이도록 완전히 덮다

⁵ He tried to cover up his guilt by lying.

Partners cover up a scandal / a mistake / the truth

---

dress up

잘 차려입다, 격식을 차려입다

dress (옷을 입다) + up (완전히, 최고의 상태로) → 옷을 잘 차려입다

⁶ Are we going to dress up for the wedding?

---

¹ 군인들이 적의 다리를 폭파시켰다. ² 엄마는 우리가 확실히 공부를 하고 있는지 확인했다. ³ 그들은 아침을 먹은 후 치우지 않았다. ⁴ 그녀는 상점 문을 닫고 집으로 갔다. ⁵ 그는 거짓말을 해서 잘못을 은폐하려고 했다. ⁶ 우리 결혼식에 정장을 하고 갈 겁니까?

eat up

소비하다; 써버리다

eat (먹다) + up (모두, 완전히) → 다 먹다

7 This computer program eats up a gigabyte of my disk space.

end up

결국 …이 되다, … 처지에 처하다

end(끝나다) + up (모두) → 다 끝나서 결국 …이 되다

8 If you keep doing that, you will end up arguing with everyone.

fill up

채우다; 가득 차다

fill (채우다, 차다) + up (모두, 완전히) → 가득 채우다; 차다

9 By eight o'clock the restaurant was beginning to fill up.

follow up

더욱 철저히 알아보다 ㉤ investigate

follow (뒤를 따르다) + up (끝까지, 요구된 점까지) → 더 철저히 조사하다

10 The investigators are following up some leads.
  Partners follow up a lead / a complaint / a matter

give up

그만두다, 포기하다 ㉤ stop, abandon

give (주다) + up (완전히, 깨끗이) → 포기하다

11 The soldiers gave up the search when it got dark.

hold up

지연시키다 ㉤ delay

hold (…을 잡고 있다) + up (꽉, 완전히) → 못 움직이게 꽉 잡다 → 지연시키다

12 The construction of the road has been held up by bad weather.

lock up

자물쇠를 채우다, 문을 잠그다

lock (자물쇠를 채우다) + up (모두, 완전히) → 완전히 잠그다

13 Although the jewels were locked up in a safe, the thieves stole them without any difficulty.

---

7 이 컴퓨터 프로그램은 내 디스크 공간 중 1기가바이트를 차지한다. 8 네가 계속 그런다면 넌 모든 사람들과 싸우게 될 거야. 9 8시경에 그 식당은 손님으로 가득 차기 시작했다. 10 조사관들은 몇 가지 단서를 더 철저히 알아보고 있다. 11 날이 어두워지자 그 군인들은 수색을 중단했다. 12 도로의 건설이 나쁜 날씨로 인해 지연되어 왔다. 13 보석이 금고에 자물쇠로 단단히 채워져 있었지만 도둑들은 아무 어려움 없이 그것들을 훔쳤다.

look up

(사전 등으로) 찾아보다

look (찾아보다, 조사하다) + up (철저히, 요구된 점까지) → 철저히 뒤져 찾아내다

¹⁴ Look up the word in the dictionary.

pay up

전액을 납입하다, 다 갚다

pay (지불하다) + up (완전히) → 완전히 지불하다 → 전액을 갚다

¹⁵ If you don't pay up, I'll take you to court.

shut up

잠그다, 닫다 ⑨ close up

shut (닫다) + up (완전히) → 완전히 닫다, 잠그다

¹⁶ They shut up the shop an hour early.

straighten up

정리하다 ⑨ neaten

straighten (정리하다, 정돈하다) + up (완전한 상태로) → 말끔히 정리하다

¹⁷ Dan straightened up the house before his guests came.

use up

(비품 · 연료 · 힘 등을) 다 써버리다

use (쓰다, 사용하다) + up (모두, 깡그리) → 다 써버리다

¹⁸ We used up all the sugar.

wrap up

1. 싸다

wrap (싸다) + up (완전히) → 완전히 싸다

2. (외투 등을) 입다

wrap (싸다, 입다) + up (완전히) → 옷으로 몸을 완전히 싸서 따뜻하게 하다

3. (회의 등을) 마치다

wrap (마치다) + up (완전히) → 마무리 짓다, 끝내다

¹⁹ I wrapped the plate up with foil.
²⁰ Wrap up warm. It's very cold outside.
²¹ Each meeting is wrapped up with a speech from the president.

---

¹⁴ 그 단어를 사전에서 찾아보아라. ¹⁵ 전액을 갚지 않으면 당신을 고소하겠다. ¹⁶ 그들은 한 시간 일찍 가게 문을 닫았다. ¹⁷ Dan은 그의 손님들이 오기 전에 집을 깨끗이 정리했다. ¹⁸ 우리는 설탕을 다 써버렸다. ¹⁹ 나는 접시를 포일로 쌌다. ²⁰ 따뜻하게 입으세요. 밖이 몹시 추워요. ²¹ 매 회의는 회장의 연설로 마무리된다.

★ Daily Test ★

A 문맥상 밑줄 친 부분과 바꾸어 쓸 수 있는 단어를 골라 알맞은 형태로 쓰시오.

hide	abandon	explode

1 The terrorists planned to <u>blow up</u> the new airport building. _____
2 The government's attempts to <u>cover up</u> the scandal failed. _____
3 They have only been missing for two days. We cannot <u>give up</u> the search. _____

B 빈칸에 들어갈 알맞은 단어를 고르시오.

1 Due to bad weather, the flight was _____ up by 7 hours.

   ① checked   ② held   ③ cleaned   ④ locked

2 Is there any cream left, or have we _____ it all up?

   ① filled   ② dressed   ③ paid   ④ used

C 빈칸에 공통으로 들어갈 단어를 쓰시오.

• Can we _____ up this meeting before noon?

• I had the salesclerk _____ up my purchase.

D 우리말 해석을 참고하여 빈칸에 들어갈 단어를 알맞은 형태로 쓰시오.

1 The police are _____ up several leads.
   (경찰이 몇몇 단서를 철저히 알아보고 있다.)

2 Will you help me _____ up the phone number of the repair shop?
   (정비소의 전화번호를 찾는 것을 도와주겠니?)

3 Remember to _____ up the gas tank before you leave.
   (떠나기 전에 기름통을 가득 채우는 것을 기억해라.)

나타나서, 드러나서

bring up

(의제 · 문제 등을) 꺼내다, 내놓다 ㊒ mention, raise

bring (가지고 오다) + up ([고려의 대상으로] 드러나도록) → 고려의 대상으로 내놓다

[1] Your suggestion will be brought up at the next meeting.

Partners bring up a subject / a matter

come up with

생각해 내다, 창안하다

come (오다) + up (나타나도록) + with (…을 가지고) → …을 생각해 내다

[2] She came up with a great idea for increasing sales.

Partners come up with an idea / a suggestion / a plan

draw up

(문서 등을) 작성하다 ㊒ draft

draw (그리다) + up (나타나도록) → (백지 상태에) 그려서 나타나게 하다 → 작성하다

[3] Has your lawyer drawn up the contract yet?

Partners draw up a contract / guidelines / a plan

fix up

마련해 주다

fix (마련하다, 준비하다) + up (나타나도록) → 필요한 것을 마련해 주다

[4] I can fix you up with a place to live.

line up

한 줄로 서다

line (줄 서다) + up (나타나서) → 한 줄로 늘어서다

[5] We lined up to buy tickets.

[1] 당신의 제안은 다음 회의에서 안건으로 다루어질 것입니다. [2] 그녀는 판매 증가를 위한 좋은 아이디어를 생각해 냈다. [3] 당신의 변호사가 계약서를 이미 작성했습니까? [4] 난 네가 살 곳을 마련해 줄 수 있어. [5] 우리는 표를 사기 위해 줄을 섰다.

make up

1. 구성하다 ㈜ form, constitute

make (만들다) + up (완전한 상태로 나타나도록) → 전체를 구성하다

2. (이야기 · 핑계 등을) 지어내다, 날조하다 ㈜ invent

make (만들다) + up (나타나도록) → 지어내다

6 The team is made up of 11 players.
7 He made up an excuse for being late.

pick up

1. (무선 전신 등으로) 포착하다

pick (골라잡다) + up (나타나게) → 포착하다

2. (우연히) 얻다, 입수하다

pick (골라잡다) + up (생겨서) → 우연히 손에 넣다

8 I can pick up many foreign stations on my radio.
9 Where did you pick up that book?

show up

(모임 등에) 나타나다 ㈜ appear

show (보여주다) + up (나타나서) → 나타나다, 나오다

10 Did everybody show up for the party?

think up

(구상 · 안 등을) 생각해 내다, 고안하다 ㈜ devise

think (생각하다) + up (나타나도록) → 생각하여 나타나게 하다

11 We need to think up a new name for the group.

turn up

1. 도착하다, 나타나다 ㈜ show up, appear
2. (우연히) 나오다, 나타나다 ㈜ appear

turn ([성질 · 상황 등이] 변하다) + up (나타난 상태로) → (없다가) 나타난 상태로 되다

12 He finally turned up at three o'clock.
13 The missing bag turned up, completely empty, in an old car.

---

6 그 팀은 11명의 선수로 구성된다. 7 그는 늦은 것에 대한 변명을 지어냈다. 8 내 라디오로 많은 외국 방송국의 방송을 들을 수 있다. 9 그 책은 어디에서 구했습니까? 10 모든 사람이 그 파티에 참석했니? 11 우리는 그 단체의 새 이름을 생각해 내야 한다. 12 그는 마침내 세 시에 도착했다. 13 그 분실된 가방은 어떤 낡은 차에서 완전히 빈 채로 발견되었다.

합쳐, 모아

add up

합계하다

add (더하다) + up (합쳐) → 합계하다

¹⁴ The computer adds up figures at amazing speeds.

sum up

요약하다 ㊀ summarize

sum (…의 개요를 말하다) + up (합쳐서) → 통틀어서 간단하게 요약하다

¹⁵ The judge summed up the case to the jury.

작은 조각으로

break up

1. 산산조각으로 부서지다

break (부서지다, 깨지다) + up (잘게) → 산산조각이 나다

2. (군중 등을) 해산시키다

break (흩어뜨리다) + up (작은 조각으로 → 여러 방향으로) → 해산시키다

¹⁶ The ship broke up on the rocks.
¹⁷ The police broke up the crowd.

chop up

(칼 등으로) 잘게 썰다 ㊀ cut up

chop (자르다, 썰다) + up (잘게) → 잘게 썰다

¹⁸ She chopped up a carrot.

crush up

눌러 으깨다

crush (눌러 뭉개다) + up (잘게) → 눌러서 잘게 부수다

¹⁹ This tool crushes up garlic so that it can be used for cooking.

tear up

(갈기갈기) 찢다 ㊀ rip up

tear (찢다) + up (잘게) → 갈기갈기 찢다

²⁰ He tore up her letter angrily.

---

¹⁴ 그 컴퓨터는 놀랄만한 속도로 숫자를 합계한다. ¹⁵ 재판관은 배심원단에게 사건을 요약하여 설명했다. ¹⁶ 그 배는 바위에 부딪혀 부서졌다.
¹⁷ 경찰은 군중을 해산시켰다. ¹⁸ 그녀는 당근을 잘게 썰었다. ¹⁹ 이 도구는 요리에 쓰일 수 있도록 마늘을 잘게 으깬다. ²⁰ 그는 화가 나서 그
녀의 편지를 갈기갈기 찢었다.

★ Daily Test ★

A 문맥상 밑줄 친 부분과 바꾸어 쓸 수 있는 단어를 골라 알맞은 형태로 쓰시오.

summarize	devise	mention

1 I'll <u>sum up</u> briefly, and then I'll take questions. _____
2 I wish I could <u>think up</u> a way of getting home quickly. _____
3 You should be careful not to <u>bring up</u> Brad when you talk to Jennifer.
  _____

B 빈칸에 들어갈 알맞은 단어를 고르시오.

1 Is that the best idea you can _____ up with?
  ① come   ② chop   ③ turn   ④ pick
2 People traveling to Korea should _____ up at Gate 5 now, please.
  ① draw   ② line   ③ break   ④ fix

C 빈칸에 공통으로 들어갈 단어를 쓰시오.

• The Philippines is _____ up of thousands of islands.
• He had _____ up stories to skip work the day before.

D 우리말 해석을 참고하여 빈칸에 들어갈 단어를 알맞은 형태로 쓰시오.

1 I was wondering if you could _____ me up with a room for tonight.
  (오늘 밤에 제가 묵을 방 하나를 마련해 줄 수 있는지 궁금해서요.)
2 I _____ up this laptop on sale at the department store.
  (백화점에서 세일 중인 이 노트북 컴퓨터를 구했다.)
3 My dad asked me to _____ up onions and cabbage.
  (우리 아빠는 나에게 양파와 양상추를 잘게 썰라고 하셨다.)
4 As soon as he _____ up, everyone shouted, "Surprise!"
  (그가 나타나자 모든 사람들이 "놀랐지!"하고 소리쳤다.)

down

○ 아래로, 낮은 곳으로

They took **down** the pictures on the wall.

○ 보다 낮은 수준으로; 감소하여; 약해져

Jane has come **down** with a bad cold.

○ 정지하여; 고정되어

The company decided to close **down** the factory.

○ 경멸하여

She looks **down** on her incompetent manager.

○ 기록하여

You should get your ideas **down** on paper.

○ 완전히, 철저히

The building burned **down**. Only ashes were left.

아래로, 낮은 곳으로

bring down

(짐 따위를) 내리다; 가지고 내려가다

bring (가져오다) + down (아래로, 지면에) → 아래로 내려놓다

1 I brought the piano down the stairs.

come down

(비 · 눈 등이) 내리다

come (오다) + down (아래로) → 내리다

2 The rain came down gently at first.

cut down

(나무 따위를) 베어 넘어뜨리다 ⊕ fell

cut (베다) + down (아래로) → 베어서 아래로 넘어뜨리다

3 Half the forest was cut down to make room for the new road.

Partners cut down a tree / a forest

fall down

1. 넘어지다, 굴러떨어지다

2. 떨어지다

fall (넘어지다) + down (아래로) → 넘어지다

4 I fell down and hurt my knee.
5 A massive rock fell down and crushed a car.

go down

1. (해 · 달이) 지다 ⊕ set

2. (배 · 비행기가) 침몰하다; 추락하다 ⊕ sink; fall

go (가다) + down (아래로) → 떨어지다; 추락하다

6 The sun was starting to go down when we reached the peak.
7 The ship went down off the coast of Africa.

---

¹ 나는 그 피아노를 계단 밑으로 내렸다. ² 처음엔 비가 보슬보슬 내렸다. ³ 새로운 도로를 위한 공간을 만들기 위해 숲의 절반이 베어졌다.
⁴ 나는 넘어져서 무릎을 다쳤다. ⁵ 커다란 바위가 떨어져서 차 한 대를 뭉개버렸다. ⁶ 우리가 산꼭대기에 도착했을 때 해가 지기 시작하고 있었다. ⁷ 그 배는 아프리카의 해안에서 침몰했다.

gulp down

(음료 · 음식 등을) 급하게 삼키다

gulp (꿀꺽 삼키다) + down (아래로) → 음식을 삼켜 식도 아래로 보내다

8 Don't gulp your food down. It's bad for your stomach.

hand down

(후대에) 전수하다, 물려주다

hand (건네다) + down (아래로, 후대로) → 후대에 물려주다

9 This custom has been handed down from our ancestors.

Partners hand down a tradition / a custom / skills

kneel down

꿇어앉다

kneel (무릎을 꿇다) + down (아래로, 지면에) → 지면에 무릎을 꿇고 앉다

10 I knelt down on the floor.

knock down

(자동차 등이) 치어 쓰러뜨리다 ⓨ run over

knock (치다) + down (아래로, 지면에) → 쳐서 넘어뜨리다

11 I was knocked down by a man hurrying down the sidewalk.

pass down

물려주다, (후대로) 전해주다

pass (전달하다) + down (아래로) → 후대에 물려주다

12 Traditions are passed down to the next generation.

put down

내려놓다

put (놓다) + down (아래로, 지면에) → 내려놓다

13 He put his heavy bag down on the ground and rested for a few minutes.

run down

(자동차가 사람을) 치다 ⓨ knock down, run over

run (…에 부딪치다) + down (아래로, 지면에) → 부딪쳐 넘어뜨리다

14 The poor boy has been run down by a bicycle.

---

8 음식을 급하게 삼키지 말아라. 위에 좋지 않다. 9 이 관습은 우리 조상들로부터 전해 내려왔다. 10 나는 바닥에 꿇어앉았다. 11 나는 인도에서 서둘러가던 남자에게 부딪혀 넘어졌다. 12 전통은 후대로 전해진다. 13 그는 무거운 가방을 땅에 내려놓고 몇 분간 쉬었다. 14 그 불쌍한 소년은 자전거에 치였다.

sit down

앉다

sit (앉다) + down (아래로) → 몸을 낮추어 앉다

[15] Please sit down and make yourselves comfortable.

step down

(특히 높은 지위에서) 사직하다, 은퇴하다 ㉤ resign

step (내딛다) + down (아래로) → 높은 지위에서 내려오다, 그만두다

[16] She stepped down from her position as president of the company.

take down

(아래로) 내리다

take (가지고 가다, 운반하다) + down (아래로) → 아래로 내리다

[17] They took down the pictures on the wall.

---

[15] 앉아서 편하게 계세요. [16] 그녀는 그 회사의 회장직에서 은퇴했다. [17] 그들은 벽에 걸린 그림들을 떼서 내렸다.

★ Daily Test ★

A 문맥상 밑줄 친 부분과 바꾸어 쓸 수 있는 단어를 골라 알맞은 형태로 쓰시오.

fell	set	resign

1 The chairman was forced to <u>step down</u> because of his health. _____
2 We went out after the sun had <u>gone down</u>. _____
3 Protesters tried to stop them from <u>cutting down</u> the trees. _____

B 빈칸에 들어갈 알맞은 단어를 고르시오.

1 He suddenly lost his balance and _____ down.
   ① fell   ② cut   ③ brought   ④ took

2 This folksong has been _____ down to us from generation to generation.
   ① fallen   ② passed   ③ put   ④ stepped

C 밑줄 친 부분의 의미로 가장 알맞은 것을 고르시오.

The hungry sea bird <u>gulped down</u> what its mother fed it.
① chewed carefully
② swallowed quickly
③ passed from mouth to mouth

D 우리말 해석을 참고하여 빈칸에 들어갈 단어를 알맞은 형태로 쓰시오.

1 The captain ordered the crew to _____ down a sail.
   (선장은 선원들에게 돛을 내리라고 명령했다.)
2 We _____ down on the ground to examine the tracks.
   (우리는 그 흔적들을 살피기 위해 바닥에 무릎을 꿇고 앉았다.)

DAY 14 동사 + down (2)

보다 낮은 수준으로; 감소하여; 약해져

bring down
(비율 · 수준 · 가격 등을) 낮추다 ㉥ reduce, lower
bring (어떤 상태에 이르게 하다) + down (감소하여) → 낮추다

[1] All the major shops were bringing their prices down.

boil down
졸다; 졸이다
boil (끓이다) + down (보다 적은 양으로) → 졸다; 졸이다

[2] Boil the tomato sauce down until it is thick.

boil down to
1. 결국 …이다, 한마디로 …이다 ㉥ come down to
boil (졸이다) + down (보다 적은 양으로) + to (…으로) → 가장 중요한 것은 …이다

2. (이야기 등을) 줄이다
boil (졸이다) + down (보다 적은 양으로) + to (…으로) → 이야기 등을 줄이다, 요약하다

[3] In the end, what it all boils down to is money.
[4] The story can be boiled down to a few sentences.

calm down
(바다 · 마음 · 상황 등이) 가라앉다, 진정하다
calm (고요해지다, 가라앉다) + down ([기세 등이] 약해져) → 잠잠해지다, 진정하다

[5] Just calm down and tell us what the problem is.

come down
감소하다 ㉥ decrease, fall
come (어떤 상태로 되다) + down (감소하여) → 감소하다

[6] Interest rates have come down significantly in the last three years.

---

[1] 모든 주요 상점들이 가격을 낮추고 있었다. [2] 걸쭉해질 때까지 토마토소스를 졸여라. [3] 결국 가장 중요한 것은 돈이다. [4] 그 이야기는 몇 개의 문장으로 줄여질 수 있다. [5] 좀 진정하고 문제가 무엇인지 얘기해 봐요. [6] 이자율이 지난 3년간 급격히 감소했다.

come down with

질병에 걸리다

come (어떤 상태로 되다) + down (쇠약해져) + with (…으로 인해) → …으로 인해 쇠약해지다

[7] Jane has come down with a bad cold.

count down

수를 큰 것부터 거꾸로 세다

count (차례로 세다) + down ([큰 것에서 작은 것으로] 감소하여) → 수를 큰 것부터 거꾸로 세다

[8] We counted down from ten and celebrated the start of the New Year.

cut down on

(양·비용·나쁜 습관 등을) 줄이다 ㊤ reduce

cut (줄이다) + down (감소하도록) → 양을 줄이다

[9] I'm trying to cut down on salt.

die down

점점 조용해지다, 그치다

die ([소리·빛 등이] 점점 작아지다, 희미해지다) + down (약해져) → 기세가 약해지다

[10] The wind slowly died down.

go down

(비율·가격 등이) 내리다 ㊤ decrease, fall, come down

go (어떤 상태로 되다) + down (감소하여) → 감소하다, 내리다

[11] The crime rate shows no sign of going down.

settle down

진정하다, (흥분 등이) 가라앉다 ㊤ calm down

settle (가라앉다, 진정되다) + down ([기세 등이] 약해져) → 흥분 등이 가라앉다

[12] Settle down, children. It's time to go to sleep.

slow down

느긋해지다; 속도를 낮추다, 진행을 낮추다

slow (속도가 떨어지다; 속도를 낮추다) + down (감소하여) → 느긋해지다; 속도를 낮추다

[13] Please slow down. You're driving too fast.

---

[7] Jane은 심한 감기에 걸렸다. [8] 우리는 10부터 거꾸로 세었고 새해의 시작을 축하했다. [9] 난 소금 섭취를 줄이려고 노력하는 중이다. [10] 바람이 슬슬 잦아들었다. [11] 범죄율이 떨어질 기미가 보이지 않는다. [12] 얘들아, 진정해라. 이제 자야 할 시간이다. [13] 속도 좀 낮추세요. 당신 너무 빠르게 운전하고 있어요.

turn down

(소리 · 열 · 불꽃 등을) 줄이다

turn (바꾸다, 되게 하다) + down (줄여) → 줄이다

[14] Can you turn the music down a bit?

억제하여

crack down

엄중히 단속하다 (on)

crack (부수다) + down (억압하여) → 엄하게 다스리다

[15] The police cracked down on gambling.

hold down

(가격 등을) 억제하다, 상승을 막다

hold (어떤 상태로 두다, 유지하다) + down (억제하여) → 오르지 못하게 하다

[16] The government must try to hold oil prices down.

`Partners` hold down costs / inflation / prices

keep down

1. (수나 크기 등을) 억제하다

keep (유지하다) + down (억제하여) → 커지거나 많아지지 않게 하다

2. (사람들을) 억압하다

keep (유지하다) + down (억압한 상대로) → 억압하다

[17] We aim to keep down our operating expenses.
[18] The old way of ruling was to keep the people down.

put down

(폭동 등을) 진압하다 ㈜ quell, suppress

put (어떤 상태로 두다) + down (억압하여) → 진압하다

[19] The rebellion was quickly put down.

`Partners` put down a rebellion / a revolt / an uprising

---

[14] 음악 소리 좀 약간 줄여주실래요? [15] 경찰은 도박을 엄중히 단속했다. [16] 정부는 유가 상승을 억제하기 위해 노력해야 한다. [17] 우리는 회사 운영비 절감을 목표로 한다. [18] 예전의 통치 방식은 사람들을 억압하는 것이었다. [19] 그 폭동은 곧 진압되었다.

★ Daily Test ★

A 문맥상 밑줄 친 부분과 바꾸어 쓸 수 있는 단어를 골라 알맞은 형태로 쓰시오.

suppress	fall	reduce

1 No one expects house prices to <u>go down</u> in the near future. _____
2 The whole world needs to <u>cut down on</u> its use of fresh water. _____
3 He was quick to <u>put down</u> any objections to his plans. _____

B 빈칸에 들어갈 알맞은 단어를 고르시오.

1 He was very agitated, so I told him to _____ down.
   ① die   ② calm   ③ boil   ④ count

2 I cannot come to work today, as I've _____ down with the flu.
   ① held   ② turned   ③ kept   ④ come

C 빈칸에 공통으로 들어갈 단어를 고르시오.

• Please _____ the soup down until it thickens.
• If you _____ the movie down, it's basically a love story.

① bring   ② boil   ③ cut   ④ turn

D 우리말 해석을 참고하여 빈칸에 들어갈 단어를 알맞은 형태로 쓰시오.

1 China started to _____ down on copied goods.
   (중국은 복제 제품을 엄중히 단속하기 시작했다.)
2 If the plane _____ down too much, it might crash.
   (만약 비행기가 속력을 너무 낮춘다면 추락할지도 모른다.)
3 It's too hot in here. Can someone _____ the heat down?
   (여기 너무 더워요. 누가 난방 좀 줄여줄 수 있나요?)

15 동사 + down (3)

정지하여; 고정되어

break down   부서지다, 고장 나다

break (고장 나다) + down (정지하여) → 고장 나다

1 The car broke down after half an hour.

---

close down   (회사 · 학교 · 점포 등을) 폐쇄하다, 문을 닫다

close (닫다, 폐쇄하다) + down (정지하여) → 폐업하다, 문을 닫다

2 The company decided to close down the factory.

---

flag down   (운전자에게) 신호하여 정지시키다

flag (기로 신호하다) + down (정지하도록) → 신호를 보내 정지시키다

3 He flagged down a taxi.
> Partners   flag down a taxi / a cab / a motorist

---

get down to   (일 등에 진지하게) 착수하다   ⊛ start, begin

get (시작하다) + down (마음을 고정하여) + to (…을) → 진지하게 착수하다

4 Joe took a trip before he got down to work.
> Partners   get down to business / work

---

pin down   **1. 움직이지 못하게 하다**   ⊛ hold down

pin (핀으로 고정시키다) + down (고정되도록) → 움직이지 못하게 하다

2. 결정을 내리도록 강요하다, 결정한 바를 말하게 하다

pin (고정시키다) + down (고정되도록) → 그 자리에서 결정하게 하다

5 The police officer pinned down the thief.
6 We finally pinned him down and got him to agree to a meeting.

---

¹ 그 차는 30분이 지나자 고장이 났다. ² 그 회사는 공장을 폐쇄하기로 결정했다. ³ 그는 손을 흔들어 택시를 세웠다. ⁴ Joe는 본격적으로 일에 착수하기 전에 여행을 다녀왔다. ⁵ 경찰은 그 도둑을 꼼짝 못 하게 했다. ⁶ 우리는 마침내 그가 결정을 내리도록 해서 그로 하여금 만남에 동의하게 했다.

settle down

(결혼하여) 자리 잡다; 정착하다

settle (자리 잡다) + down (고정되어) → 정착하다

7 One day I'll settle down and have a family.

shut down

(가게 · 공장 등을) 폐점하다, 폐쇄하다 ⊕ close down

shut (닫다, 문을 잠그다) + down (정지하여) → 폐점하다, 문을 닫다

8 About 20 years ago, they shut down the mine.

tie down

속박하다, 얽매다

tie (구속하다) + down (움직일 수 없도록) → 속박하다

9 I don't want a relationship that ties me down.

turn down

(제안 · 요구 등을) 거절하다 ⊕ refuse, reject, decline

turn (…의 진행 방향을 바꾸다) + down (중단되도록) → 거절하다

10 He proposed to her, and she turned him down.

Partners turn down an offer / an invitation / a job / a proposal / a request

weigh down

(무게로) 내리누르다; 압박하다

weigh (내리누르다) + down (움직이지 못하도록) → 무게로 압박하여 움직이기 어렵게 하다

11 The waiter was weighed down by huge trays of food.

경멸하여

look down on

업신여기다, 깔보다 ⊕ scorn

look (보다) + down (경멸하여, 낮추어) + on (…을) → …을 업신여기다

12 She looks down on her incompetent manager.

---

7 나는 언젠가 자리를 잡고 가정을 꾸릴 것이다. 8 약 20년 전에 그들은 그 탄광을 폐쇄했다. 9 나는 나를 속박하는 관계를 원하지 않는다. 10 그가 청혼하자 그녀는 퇴짜를 놓았다. 11 그 웨이터는 음식이 담긴 커다란 쟁반들의 무게로 움직일 수 없었다. 12 그녀는 자신의 무능력한 관리자를 업신여긴다.

put down

창피를 주며 비난하다

put ([어떤 상태로] 만들다) + down (경멸하여, 낮추어) → …을 낮추어 창피를 주다

[13] I don't know why he always puts me down in front of others.

talk down

깎아내려 말하다, 헐뜯다 (to)

talk (이야기하다) + down (얕보아) → 실제보다 깎아내려 말하다

[14] She talks down to her husband all the time.

[13] 난 그가 왜 항상 남들 앞에서 나를 비난하는지 모르겠다. [14] 그녀는 항상 남편을 깎아내려 말한다.

★ Daily Test ★

A 문맥상 밑줄 친 부분과 바꾸어 쓸 수 있는 단어를 골라 알맞은 형태로 쓰시오.

| refuse | begin | scorn |

1 She <u>looks down on</u> anyone who didn't go to university.
2 How could you <u>turn down</u> such a fantastic job offer?
3 After lunch, we <u>got down to</u> discussing the issue of the design.

B 빈칸에 들어갈 알맞은 단어를 고르시오.

1 It's a good hospital. I really hope they don't _____ it down.
  ① tie   ② put   ③ flag   ④ close
2 I've spent too much time traveling; it's time to _____ down.
  ① settle   ② get   ③ turn   ④ break

C 빈칸에 공통으로 들어갈 단어를 쓰시오.

• They tried to _____ him down until the police arrived.
• It's difficult to _____ her down to set a date for a meeting.

D 우리말 해석을 참고하여 빈칸에 들어갈 단어를 알맞은 형태로 쓰시오.

1 I couldn't make a copy because the photocopier _____ down.
  (복사기가 고장 나서 복사할 수 없었다.)
2 He doesn't have a family because he doesn't want to be _____ down.
  (그는 속박되고 싶지 않아서 가정을 꾸리지 않는다.)
3 I was _____ down with baggage.
  (나는 짐의 무게 때문에 움직이기 힘들었다.)

DAY 16 동사 + down (4)

기록하여

get down

(잊지 않도록) 적어두다

get (…하게 하다) + down (기록하여) → 기록하다

[1] You should get your ideas down on paper.

---

put down

적어두다

put (기입하다, 적다) + down (기록하여) → 기록하다

[2] The meeting is on the 22nd. Put it down on your calendar.

---

take down

적어두다

take (받아들이다, 취하다) + down (기록하여) → 정보 등을 받아써 놓다

[3] Go to the meeting and take down everything that the president says.

---

write down

적어두다, 기록하다

write (적다) + down (기록하여) → 기록하다

[4] Write your idea down while it's clear in your mind.

완전히, 철저히

break down

1. 파괴하다, (흔적도 없이) 때려 부수다

break (부수다) + down (완전히) → 파괴하다

2. 나누다, 분류하다; 나누어지다

break (쪼개다) + down (철저히) → 전체를 부분으로 나누다

[5] The police broke the door down.
[6] The report breaks down the budget into five categories.

---

[1] 너는 네 아이디어들을 종이에 적어둬야 한다. [2] 회의는 22일입니다. 당신의 달력에 적어두세요. [3] 그 회의에 가서 회장이 말하는 모든 것을 적어 두시오. [4] 아이디어가 머릿속에서 선명할 때 그것을 기록해 두어라. [5] 경찰은 그 문을 부수었다. [6] 그 보고서는 예산을 5가지 항목으로 분류하고 있다.

burn down

몽땅 태워 없애다; 다 타서 없어지다

burn (태우다; 타다) + down (완전히) → 다 태우다; 다 타다

[7] The building burned down. Only ashes were left.

hunt down

(범인 등을) 추적하다

hunt ([범인 등을] 추적하다) + down (철저히 → 잡을 때까지) → 추적하다

[8] The police hunted down a dangerous criminal.

knock down

(건물 등을) 철거하다 ⓥ demolish

knock (때리다, 두드리다) + down (완전히, 철저히) → 허물다, 철거하다

[9] Our house is being knocked down to make way for a new road.

Partners knock down a house / a door

take down

무너뜨리다, 헐다 ⓥ dismantle

take (제거하다, 없애다) + down (완전히) → 구조물을 철거하다

[10] In the evening the campers put up a tent, and the next morning they took it down.

tear down

헐다, 해체하다 ⓥ demolish, knock down

tear (파괴하다) + down (철저히) → 완전히 파괴하다

[11] They tore down the old buildings.

track down

찾아내다 ⓥ find

track (추적하다) + down (철저히 → 끝까지) → 끝까지 추적해서 찾아내다

[12] We were finally able to track down the man.

[7] 그 건물은 다 타버렸다. 오로지 재만 남았다. [8] 경찰은 한 흉악범을 추적했다. [9] 우리 집은 새 도로에 길을 내주기 위해 철거되고 있다.
[10] 야영객들은 저녁에 텐트를 쳤다가 다음 날 아침 철거했다. [11] 그들은 그 낡은 건물들을 철거했다. [12] 우리는 마침내 그 남자를 찾아낼 수 있었다.

wash down

깨끗이 씻어내다

wash (씻다) + down (완전히 → 더러움이 없어질 때까지) → 깨끗이 씻어내리다

[13] I washed down the walls before we paint them.

wear down

닳아 없어지게 하다

wear (닳게 하다) + down (완전히) → 닳아 없어지게 하다

[14] My shoes are worn down.

wipe down

(젖은 헝겊 등으로) 깨끗이 닦다

wipe (닦다, 훔치다) + down (철저히 → 깨끗해질 때까지) → 닦아내다

[15] She wiped down the table.

[13] 나는 페인트를 칠하기 전에 벽을 씻어냈다. [14] 내 신발은 닳았다. [15] 그녀는 탁자를 깨끗이 닦아냈다.

★ Daily Test ★

A 문맥상 밑줄 친 부분과 바꾸어 쓸 수 있는 단어를 골라 알맞은 형태로 쓰시오.

clean	demolish	find

1 I finally managed to track her down in Seoul. _____
2 The horses are washed down after every race. _____
3 We knocked that wall down to make the room bigger. _____

B 빈칸에 들어갈 알맞은 단어를 고르시오.

_____ down what you need, and I'll go to the store and buy them.

① Wipe   ② Write   ③ Track   ④ Burn

C 다음 두 문장의 의미가 비슷해지도록 빈칸에 알맞은 단어를 쓰시오.

I have to change the tires on my bicycle because they have been damaged by prolonged use.
= I have to change the tires on my bicycle because they have been _____ down.

D 우리말 해석을 참고하여 빈칸에 들어갈 단어를 알맞은 형태로 쓰시오.

1 He is believed to _____ down the old church.
(그가 그 오래된 교회에 불을 질러 다 타버리게 한 것으로 생각된다.)
2 When we _____ down our problems, they are easier to manage.
(문제들을 분류하면, 그것들을 처리하기가 더 쉬워진다.)
3 Before sitting, she _____ down the chair with a cloth.
(앉기 전에 그녀는 천으로 의자를 닦아냈다.)

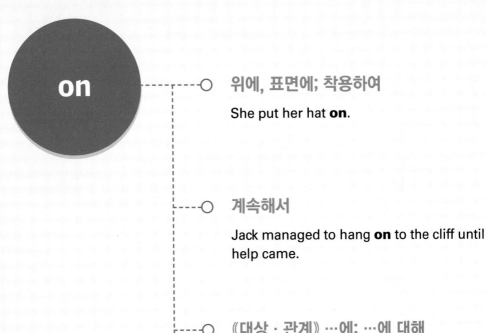

on

위에, 표면에; 착용하여

She put her hat **on**.

계속해서

Jack managed to hang **on** to the cliff until help came.

《대상·관계》…에; …에 대해

They agreed **on** a plan.

…에 근거하여; 의존하여

Giraffes live **on** the leaves of tall trees.

위에, 표면에; 덧붙여; 착용하여

fall on

1. …에 떨어지다

fall (떨어지다) + on (…위에) → …위에 떨어지다

2. (휴일 따위가 어떤 일시에) 해당하다

fall (오다, 되다) + on ([특정 날짜]에) → 어떤 일시에 해당하다

3. 습격하다, 덤비다 ⓐ attack

fall (떨어지다) + on ([공격 대상의] 위에) → 갑자기 덤비다

¹ I fell on snow so I didn't get hurt.
² Christmas Day falls on a Thursday this year.
³ The angry bear fell on the hunter.

get on

1. (버스 등을) 타다 ⓐ board

get (가다, 이동하다) + on (위에) → (차 · 말 등의) 위로 가다 → …에 타다

2. 착용하다

get (어떤 상태가 되게 하다) + on (착용하여) → …을 착용하다

⁴ They got on the plane at Cairo.
⁵ Get your coat on quickly. The taxi's waiting.

> Partners 1. get on a plane / a bus / a train
> 2. get on a coat / shoes

put on

1. (옷 등을) 착용하다

put ([어떤 상태로] 만들다) + on (착용하여) → 착용하다

2. (연극 등을) 상연하다 ⓐ stage

put (두다) + on ([무대] 위에) → 무대 위에 올리다

3. (몸무게 등이) 늘다

put (얹다) + on ([기존 몸무게에] 더하여) → 체중을 늘리다

4. …인 체하다 ⓐ pretend

put ([어떤 상태로] 만들다) + on ([거짓의 모습을] 입어) → 가장하다

---

¹ 나는 눈 위로 떨어져서 다치지 않았다. ² 올해는 성탄절이 목요일이다. ³ 그 화가 난 곰이 사냥꾼을 습격했다. ⁴ 그들은 카이로에서 비행기를 탔다. ⁵ 서둘러 코트를 입어라. 택시가 기다리고 있다.

⁶ She put her hat on.

⁷ We're putting on a concert to raise money for poor children.

⁸ He put a lot of weight on.

⁹ The actor put on a British accent in the movie.

> Partners 1. put on a coat / shoes / glasses / make-up
>   3. put on weight
>   4. put on an accent / an expression

take on

1. 고용하다 ㉯ employ

take (받아들이다) + on ([기존 구성원에] 덧붙여) → 고용하다

2. (일 등을) 떠맡다 ㉯ undertake

take (받아들이다) + on ([자신의 기존 업무량에] 덧붙여) → 떠맡다

3. (경기 따위에서) …을 상대로 하다

take (받아들이다) + on ([자신의 부담 능력] 위에) → …와 겨루다

4. (형태 · 성질 · 태도 따위를) 취하다

take (받다, 지니다) + on (위에) → …을 취하다

¹⁰ The shop took on a new clerk.

¹¹ Don't take on too much work.

¹² It was brave of you to take on a man twice your size.

¹³ Her face took on a worried expression.

> Partners 2. take on responsibility / a job / a task
>   4. take on meaning / shape / appearance

try on

(옷 등을) 입어보다

try (시험 삼아 해보다) + on (착용하여) → 입어보다

¹⁴ Never buy shoes without trying them on first.

wait on

시중들다; 식사 시중을 들다 ㉯ serve

wait (시중들다) + on ([손님에게] 붙어서서) → 시중들다

¹⁵ Are you being waited on?

---

⁶ 그녀는 모자를 썼다. ⁷ 우리는 불우 아동을 위한 성금을 마련하기 위해 콘서트를 열 것이다. ⁸ 그는 몸무게가 많이 늘었다. ⁹ 그 배우는 영화에서 영국식 억양을 가장하여 썼다. ¹⁰ 그 가게는 점원을 새로 고용했다. ¹¹ 너무 많은 일을 떠맡지 마라. ¹² 덩치가 너의 두 배나 되는 사람과 겨루다니 용감했다. ¹³ 그녀의 얼굴은 걱정스러운 표정이었다. ¹⁴ 신발을 먼저 신어보지 않고는 절대 사지 마라. ¹⁵ 시중을 받고 계신가요? (주문하셨습니까?)

계속해서; 켜져, 작동하여

carry on

계속하다 ⊕ continue

carry ([일·논의 등을] 추진하다, 진행시키다) + on (계속하여) → 계속하다

[16] We'll carry on our conversation tomorrow.

go on

1. 계속하다 ⊕ continue

go (나아가다) + on (계속하여) → 계속하다

2. (일이) 일어나다 ⊕ happen, occur

go (진행되다, 추진되다) + on (계속하여) → 일이 일어나고 있다

3. (등불 등이) 켜지다, (가스·수도 등이) 들어오다

go (되다) + on (켜져) → 켜지다

[17] He went on talking even though no one was listening.
[18] Something is going on in the park.
[19] Suddenly, all the lights went on.

hang on

1. 꼭 붙잡다 (to)
2. 견디다, 버티다
3. 기다리다 ⊕ wait

hang (매달리다) + on (계속하여) → 꼭 붙잡다; 견디다

[20] Jack managed to hang on to the cliff until help came.
[21] The team hung on for victory.
[22] Hang on – I'll just see if she's here.

hold on

견뎌내다, 기다려내다

hold (견디다; 기다리다) + on (계속해서) → 견뎌내다; 계속 기다리다

[23] Please hold on. Help is on the way.

---

[16] 우리는 내일 대화를 계속할 것이다. [17] 아무도 듣고 있지 않았지만 그는 이야기를 계속했다. [18] 공원에서 무슨 일인가 일어나고 있다. [19] 갑자기 불이 모두 켜졌다. [20] Jack은 구조가 될 때까지 어떻게든 낭떠러지에 매달려 있었다. [21] 그 팀은 승리를 위해 견디었다. [22] 기다리세요. 그녀가 여기 있는지 볼게요. [23] 조금만 견디세요. 구조대가 오고 있어요.

hold on to

1. 단단히 잡다; 보관하다

2. (신념 · 원칙 · 입장 등) 고수하다

hold (잡다; 꼭 달라붙다) + on (계속해서) + to (…에) → 꼭 잡고 있다; 고수하다

24 Hold on to your hat so it won't blow off.

25 If we believe something is true and good, we should hold on to it.

keep on

계속해서 하다 ⓤ continue

keep (유지하다) + on (계속하여) → 계속하다

26 Prices keep on increasing.

move on

(새로운 주제로, 다음 단계로) 넘어가다

move (이동하다) + on (계속해서) → 계속해서 다음으로 넘어가다

27 Okay, let's move on to the next chapter.

pass on

…에게 넘겨주다, 전달하다

pass (주다, 건네주다) + on (계속해서) → 계속 전달하다

28 Pass the paper on to the next person after you read it.

turn on

(물 · 가스 등을) 나오게 하다, (전기 · 텔레비전 등을) 켜다

turn (…이 되게 하다, 바꾸다) + on ([물이] 나와, [불이] 켜져) → 켜다

29 He turned on the light.

Partners turn on a light / a television / the water / the gas

wait on

계속 기다리다

wait (기다리다) + on (계속하여) → 계속 기다리다

30 We waited on her for another hour, but still she didn't come.

---

24 바람에 날아가지 않도록 모자를 꽉 잡아라. 25 우리가 어떤 것이 사실이며 옳다고 믿으면 그것을 고수해야 한다. 26 물가가 계속 오르고 있다. 27 좋아요, 다음 장으로 넘어갑시다. 28 그 종이를 읽고 나서 다음 사람에게 넘겨라. 29 그는 불을 켰다. 30 우리는 한 시간을 더 기다렸지만 그녀는 여전히 오지 않았다.

Daily Test

A 문맥상 밑줄 친 부분과 바꾸어 쓸 수 있는 단어를 골라 알맞은 형태로 쓰시오.

happen	serve	undertake

1 Who's waiting on table 2? _____
2 I can't take on any more work at the moment. _____
3 I heard the alarm, but I didn't know what was going on. _____

B 빈칸에 들어갈 알맞은 단어를 고르시오.

1 This year Chuseok _____ on a weekend.

   ① holds   ② falls   ③ carries   ④ hangs

2 My sister _____ on asking me question after question.

   ① took   ② tried   ③ kept   ④ turned

C 빈칸에 공통으로 들어갈 단어를 쓰시오.

• I always _____ on a suit for interviews.
• I'd _____ on another seven pounds since last time.
• You don't have to _____ on an act. Just be yourself.

D 우리말 해석을 참고하여 빈칸에 들어갈 단어를 알맞은 형태로 쓰시오.

1 If you'd like to _____ on the skirt, please use the changing room.
(그 스커트를 입어보시려면 탈의실을 이용해 주십시오.)

2 It can be difficult to _____ on to your faith in times of crisis.
(위기의 순간에 신념을 고수하는 것은 어려울 수 있다.)

3 To _____ on the machine, simply pull the lever and then press the button.
(그 기계를 작동시키려면 그냥 레버를 당기고 나서 버튼을 누르시오.)

DAY 18 동사 + on (2)

act on

…에 작용하다, 영향을 미치다

act (작용하다) + on (…에 대해) → …에 작용하다

1 These pills act on the liver.

agree on

…에 대해 합의하다

agree (의견의 일치를 보다) + on (…에 대해) → …에 대해 합의하다

2 They agreed on a plan.

call on

1. …에게 요청하다, 부탁하다

call (요구하다, 지령하다) + on (…에) → …에게 요청하다

2. 방문하다

call (들르다, 찾아가다) + on (…에) → …을 방문하다

3 They called on the professor for a short speech.
4 The president will call on China this weekend.

decide on

…으로 결정하다 ㉨ determine, choose

decide (결정하다) + on (…에 대해) → …으로 결정하다

5 We decided on a name for our team.

dwell on

…에 대해 곰곰이 생각하다

dwell (머무르다) + on (…에) → …에 생각이 머무르다

6 She dwells too much on her past.

hit on

(묘안 등을) 생각해 내다; 우연히 발견하다 ㉨ come up with; discover

hit (떠오르다, 생각나다) + on (…에 대해) → …을 생각해 내다; 우연히 발견하다

7 He hit on a solution to the problem almost by accident.
`Partners` hit on an idea / a method / a formula / a solution

---

1 이 알약은 간에 효험이 있다. 2 그들은 어떤 계획에 대해 합의했다. 3 그들은 교수에게 짧은 연설을 요청했다. 4 대통령은 이번 주말에 중국을 방문할 것이다. 5 우리는 우리 팀의 이름을 결정했다. 6 그녀는 자신의 과거에 대해 너무 많이 생각한다. 7 그는 거의 우연히 그 문제에 대한 해결책을 생각해 냈다.

insist on

…을 강력히 주장하다, 고집하다

insist (강력히 주장하다) + on (…에 대해) → …에 대해 강력히 주장하다

8 He insisted on immediate payment.

let on

(비밀 등을) 누설하다

let (허용하다) + on (…에 대해) → …에 대해 알게 하다

9 I knew his secret, but I didn't let on.

pick on

비난하다, 못살게 굴다

pick (쪼다) + on (…에) → …을 쪼아 못살게 하다

10 Why do you always pick on me?

reflect on

…을 반성하다, 되돌아보다

reflect (생각하다, 심사숙고하다) + on (…에 대해) → …에 대해 곰곰이 생각해보다

11 She reflected on her achievements and reevaluated them.

tell on

…에 대해 고자질하다

tell (말하다) + on (…에 대해) → …에 대해 고자질하다

12 I won't tell on you if you apologize.

work on

…에 영향을 주다, 작용하다

work (작용하다; [약이] 잘 듣다, 효과가 있다) + on (…에) → …에 작용하다

13 His tricks don't work on me.

…에 근거하여; 의존하여

act on

(주의 · 명령에 따라) 행동하다

act (행동하다) + on (…에 근거하여) → …에 따라 행동하다

14 They acted on the president's suggestion.

`Partners` act on advice / information / instructions / orders

---

8 그는 즉각적인 지불을 강력히 주장했다. 9 나는 그의 비밀을 알았지만 누설하지 않았다. 10 너는 왜 늘 나를 비난하니? 11 그녀는 자신의 업적을 되돌아보고 재평가했다. 12 네가 사과한다면 너에 대해 고자질하지 않을게. 13 그의 속임수는 내게는 통하지 않는다. 14 그들은 회장의 제안에 따랐다.

base on

…의 기초[근거]를 ~에 두다

base (…의 기초를 두다) + on (~에 근거하여) → …의 기초를 ~에 두다

[15] We should base our judgments on the truth.

count on

1. …에 의지하다 ⓤ depend on, rely on

count (생각하다, 간주하다) + on (…에 의지하여) → …에 의지하다

2. 기대하다 ⓤ expect

count (생각하다, 간주하다) + on (근거하여) → 기대하다

[16] If I ever need any help, I know I can count on him.
[17] She didn't count on him coming to the party.

depend on

1. …에 의지하다, 의존하다 ⓤ rely on, count on

depend (의지하다) + on (…에 의존하여) → …에 의존하다

2. …에 달려 있다

depend (달려 있다) + on (…에 의존하여) → …에 달려 있다

[18] The young birds depend on their parents for food.
[19] Success depends on what you know, not who you know.

feed on

…을 먹고 살다 ⓤ eat

feed ([동물이] 먹이를 먹다) + on (…에 의존하여) → …을 먹고 살다

[20] Spiders feed on insects like moths and flies.

live on

…을 먹고 살다 ⓤ eat

live (살다) + on (…에 의존하여) → …을 먹고 살다

[21] Giraffes live on the leaves of tall trees.

rely on

…에 의존하다, 의지하다 ⓤ count on, depend on

rely(의존하다) + on (…에 의존하여) → …에 의존하다, 의지하다

[22] Some developing countries rely on foreign aid.

---

[15] 판단은 진실에 기초를 두어야 한다. [16] 내가 도움이 필요할 때면 항상 그에게 의지할 수 있다는 것을 안다. [17] 그녀는 그가 파티에 올 것이라 기대하지 않았다. [18] 어린 새들은 먹이를 부모 새에게 의존한다. [19] 성공은 누구를 아느냐가 아니라 무엇을 알고 있느냐에 달렸다. [20] 거미는 나방과 파리 같은 곤충들을 먹고 산다. [21] 기린은 키 큰 나무들의 잎을 먹고 산다. [22] 몇몇 개발 도상국은 해외 원조에 의지한다.

★ Daily Test ★

A 문맥상 밑줄 친 부분과 바꾸어 쓸 수 있는 단어를 골라 알맞은 형태로 쓰시오.

choose	eat	discover

1 We decided on a destination for our vacation. _____
2 She was scared he might hit on the truth. _____
3 The shape of a dinosaur's teeth tells us what it lived on. _____

B 빈칸에 들어갈 알맞은 단어를 고르시오.

1 We all need a best friend we can _____ on.

① count   ② pick   ③ base   ④ hit

2 You made a mistake, but now it's in the past. Don't _____ on it.

① agree   ② pick   ③ dwell   ④ tell

C 밑줄 친 부분의 의미로 가장 알맞은 것을 고르시오.

1 It's late. I must insist on you staying here tonight.

① agree on   ② say firmly
③ turn down on   ④ have an effect on

2 She has no idea about the surprise party, so don't let on.

① prepare fully   ② tell a secret
③ arrive late   ④ turn on the light

D 우리말 해석을 참고하여 빈칸에 들어갈 단어를 알맞은 형태로 쓰시오.

1 After the two sides had _____ on everything, they signed the deal.
(양측은 모든 사항에 대해 합의한 후 계약을 체결했다.)

2 Whether or not we go camping _____ on the weather.
(우리가 캠핑을 하러 가느냐 못 가느냐는 날씨에 달렸다.)

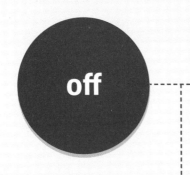

off

분리되어, 떨어져서

A button came **off** my favorite cardigan sweater.

멀리, 저쪽으로, 떠나서

He saw his friend **off** at the bus station.

끊어져, 멈추어

As the police had sealed **off** the building, no one could go in or out.

완전히, 끝까지

Those children have finished **off** all the cookies.

감소하여

Attendance at the meeting has fallen **off**.

동사 + off (1)

분리되어, 떨어져서

brush off

1. (솔질로) 털어지다; (브러시 · 손 등으로) 털다
brush (솔질하다) + off (떨어지도록) → 솔질하여 털어내다

2. (제의 등을) 무시하다, 거부하다
brush (털어내다) + off (분리되도록) → 무시하다

¹ You should brush the crumbs off your shirt.
² He brushed off all our suggestions.

---

come off

…에서 떨어지다 ⓨ fall off
come (…이 되다) + off (떨어져서) → 떨어지다

³ A button came off my favorite cardigan sweater.

---

cut off

베어내다, 잘라내다
cut (자르다) + off (떼어내) → 베어내다; 끊다

⁴ Cut off that branch.

---

drop off

1. (차로 태워가서) 내려주다; (물건 등을) 두고 가다
drop ([사람 · 짐을 차 등에서] 내리다, 내려놓다) + off (떼어져) → 내려놓다, 두고 가다

2. 떨어지다 ⓨ come off, fall off
drop (떨어지다) + off (떨어져) → 떨어지다

⁵ Just drop me off at the station.
⁶ One of the buttons on my shirt dropped off.

---

get off

1. 〈명령형으로〉 만지지 않다
get (어떤 상태가 되다) + off (떨어져) → …에서 떨어지다

2. (버스 · 지하철 등에서) 내리다
get (어떤 상태가 되다) + off (분리되어) → (차에서) 분리되다 → (차에서) 내리다

---

¹ 넌 네 셔츠에서 그 부스러기들을 털어버려야 해. ² 그는 우리의 모든 제안을 거절했다. ³ 내가 가장 아끼는 카디건에서 단추가 하나 떨어졌다. ⁴ 저 가지를 잘라 버려라. ⁵ 나를 역에 내려만 줘. ⁶ 내 셔츠의 단추 중 하나가 떨어졌다.

⁷ Get off me! That hurts!

⁸ The bus stopped, the door opened, and my father got off.

keep off

만지지 않게 하다; 가까이 못 오게 하다, 멀리하다

keep (어떤 상태를 유지하다) + off (떼어져) → 계속 떨어진 상태에 있다

⁹ Keep your hands off my bicycle.

Partners keep one's hands / mind / eyes off

shake off

(못된 버릇 · 병 · 근심 등을) 없애 버리다

shake (뒤흔들다) + off (떼어지도록) → 뒤흔들어 떼다 → 없애다

¹⁰ I don't seem to be able to shake off this cold.

take off

1. (옷 등을) 벗다

take (취하다) + off (분리시켜) → (옷 등을) 몸에서 분리시키다

2. 이륙하다

take (가다) + off (떨어져) → 땅에서 떨어져 이륙하다

¹¹ Take your coat off.

¹² The plane should take off on time.

Partners 1. take off one's clothes / shoes / coat / jacket

멀리, 저쪽으로, 떠나서

give off

(증기 · 가스 · 빛 · 냄새 등을) 발하다 ㉤ emit

give (내다, 발하다) + off (멀리, 저쪽으로) → …을 발하다

¹³ Boiling water gives off steam.

Partners give off a smell / an aroma / light / gas

go off

1. (화기가) 발사되다, 폭발하다 ㉤ fire, explode

go (어떤 상태가 되다) + off (떠나서) → 발사되다, 폭발하다

2. (장소를) 떠나다 ㉤ leave

go (가다) + off (떠나서) → 떠나다

¹⁴ The bomb never went off.

¹⁵ She went off to get a drink.

---

⁷ 만지지 마! 아프단 말이야! ⁸ 버스가 정차하고 문이 열렸고, 아버지가 내리셨다. ⁹ 내 자전거에 손대지 마. ¹⁰ 이번 감기는 떨어지지 않는 것 같다. ¹¹ 네 코트를 벗어라. ¹² 비행기는 정시에 이륙합니다. ¹³ 끓는 물은 증기를 내뿜는다. ¹⁴ 그 폭탄은 한 번도 폭발하지 않았다. ¹⁵ 그녀는 음료를 마시기 위해 자리를 떴다.

kick off

1. 시작되다 ⓤ start, begin

kick (차다) + off (시작 지점에서 멀리) → 시작하다

2. (축구에서) 킥오프하다, 처음 차다

kick (차다) + off (멀리) → 공을 차서 시작하다

[16] The meeting kicked off at seven.
[17] The game started when the team captain kicked off.

see off

(공항 · 역 등에서) 배웅하다

see (보다) + off (떠나서) → 떠나는 것을 보다

[18] He saw his friend off at the bus station.

set off

1. 출발하다 ⓤ leave

set (출발하다, 시작하다) + off (떠나서) → 여행을 떠나다, 출발하다

2. (폭탄 등을) 폭발시키다; 유발하다

set ([어떤 상태로] 되게 하다) + off ([고정된 위치를] 떠나서) → 폭발시키다

[19] She set off on a trip across Europe.
[20] The bomb can be set off at any time.

`Partners` 2. set off a bomb / fireworks

---

[16] 회의는 7시에 시작되었다. [17] 팀 주장이 공을 처음 차면서 경기가 시작되었다. [18] 그는 버스 정류장에서 친구를 배웅했다. [19] 그녀는 유럽
여행을 시작했다. [20] 그 폭탄은 언제든지 폭발할 수 있다.

★ Daily Test ★

A 빈칸에 공통으로 들어갈 단어를 쓰시오.

1 • I _____ off for work at 8:15 every morning.
  • Stepping on a landmine will _____ it off.

2 • I have some dirt on my shoulder. Could you _____ it off for me?
  • She couldn't _____ off criticism from her rivals.

B 빈칸에 들어갈 알맞은 단어를 고르시오.

1 Skunks _____ off a terrible smell to defend themselves.

① cut   ② give   ③ get   ④ shake

2 Men must _____ off their hair when joining the army.

① get   ② take   ③ cut   ④ set

C 빈칸에 들어갈 수 없는 단어를 고르시오.

The gold brooch _____ off when you unfastened it.

① came   ② dropped   ③ kept   ④ fell

D 우리말 해석을 참고하여 빈칸에 들어갈 단어를 알맞은 형태로 쓰시오.

1 The plane _____ off two hours late.
  (비행기는 두 시간 늦게 이륙했다.)

2 Tonight's game between Korea and Japan _____ off at 8 p.m.
  (오늘 밤 한국과 일본 간 경기는 저녁 8시에 시작한다.)

3 _____ off the grass.
  (잔디밭에 들어가지 마시오.)

끊어져, 멈추어

break off

1. 갈라지다, 분리되다; 꺾이다
break (갈라지다) + off (끊어지게) → 분리되다, 갈라지다

2. (말 · 행동 등을) 갑자기 그만두다; 파기하다
break (중지하다, 단절하다) + off (끊어져, 멈추어) → 그만두다; 끝내다

¹ The head of the statue suddenly broke off.
² When Bob came in, Jean broke off her conversation with Linda.

call off

(예정된 행사를) 취소하다; 중지하다 ㉤ cancel
call (선언하다) + off (중단하도록) → 중단하다

³ The soccer game was called off because of the snow.
Partners call off a game / a wedding / an engagement

cut off

1. (전기 · 가스 · 수도 · 전화 등을) 끊다 ㉤ disconnect
cut (자르다) + off (끊어져) → 공급을 끊다, 차단하다

2. (말을) 가로막다 ㉤ interrupt
cut (자르다) + off (멈추도록) → 말을 멈추게 하다

⁴ The telephone was cut off because the bill was unpaid.
⁵ Don't cut me off when I'm talking.

go off

(전등 등이) 꺼지다
go (…이 되다) + off (끊어져, 멈추어) → 전기 등이 끊어지다, 꺼지다

⁶ The power went off in several parts of the country due to the high wind.

hold off

연기하다, 지체시키다 ㉤ postpone, delay
hold ([어떤 상태로] 두다) + off (멈추어) → 멈춘 상태를 유지하다

⁷ The leaders will hold off on making a decision until Monday.

---

¹ 조각상의 머리가 갑자기 부서졌다. ² Bob이 들어오자 Jean은 Linda와의 대화를 갑자기 중단했다. ³ 축구 경기가 눈 때문에 취소되었다.
⁴ 요금 체납 때문에 전화가 끊겼다. ⁵ 내가 말하고 있을 때 내 말을 끊지 마. ⁶ 강풍으로 인해 전국 여러 곳에서 전기가 나갔다. ⁷ 그 지도자들은 월요일까지 결정을 연기할 것이다.

laugh off

(걱정거리 · 고통 등을) 웃어넘기다

laugh (웃다) + off ([문제의 대상에서] 끊어져) → 웃어넘기다

[8] She laughed off their insults.

> Partners laugh off criticism / a rumor

lay off

일시 해고하다 ㉨ dismiss

lay (어떤 상태로 두다) + off (그만두어) → 그만두게 하다

[9] We were laid off after only three weeks.

put off

연기하다, 미루다 ㉨ postpone, delay

put ([어떤 상태로] 만들다) + off (중단되도록) → 중단된 상태로 만들다

[10] We decided to put off our plans until tomorrow.

seal off

봉쇄하다

seal (봉인하다, 단단히 닫다) + off (끊어져) → 단단히 막아 출입을 끊다

[11] As the police had sealed off the building, no one could go in or out.

> Partners seal off an area / a road / a building

sell off

싸게 팔아 치우다

sell (팔다) + off (소멸시켜) → 팔아 없애다

[12] They're selling off their furniture because they're moving to Canada.

shut off

1. (기계 · 엔진 등을) 끄다; 꺼지다

2. (수도 · 가스 · 전기 등을) 잠그다, 끄다

shut (잠그다) + off (멈추어) → 잠가서 멈추도록 하다, 끄다

[13] How do I shut off this alarm?

[14] They shut off the gas in their house before leaving on holiday.

---

[8] 그녀는 그들의 모욕을 웃어넘겼다. [9] 우리는 3주밖에 안 됐는데 해고를 당했다. [10] 우리는 계획을 내일까지 미루기로 결정했다. [11] 경찰이 그 건물을 봉쇄해서 아무도 출입할 수가 없었다. [12] 그들은 캐나다로 이주하기 때문에 가구를 싸게 처분하고 있다. [13] 이 경보기를 어떻게 끄지? [14] 그들은 휴가를 떠나기 전에 집의 가스를 잠갔다.

switch off

(전기 · 라디오 등을) 끄다　ⓨ shut off

switch (스위치를 돌리다) + off (끊어져) → 스위치를 돌려 끊기게 하다

[15] Please switch off all the lights as you leave the room.

turn off

(수도 · 전기 · 가스 등을) 잠그다, 끄다　ⓨ shut off, switch off

turn (…이 되게 하다) + off (끊어져) → 공급 따위가 중단되게 하다

[16] They've had to turn off the water while they repair some pipes.

Partners　turn off a light / the television / the water / the gas

특정 동사와 함께 쓰여 '강조'를 나타낸다.

face off

대결하다

face (향하다, 용감히 맞서다) + off ("강조") → 대결하다

[17] The two candidates will face off in the election in November.

show off

과시하다, 허세부리다

show (보여주다) + off ("강조") → 과시하다

[18] I think he visited us just to show off his new car.

---

[15] 방을 나갈 때는 모든 불을 꺼 주십시오. [16] 그들은 파이프를 고치는 동안 수도를 잠가 놓아야 했다. [17] 그 두 후보는 11월의 선거에서 대결하게 될 것이다. [18] 내 생각에는 그가 단지 새 차를 자랑하기 위해 우리를 찾아온 것 같다.

★ Daily Test ★

A 문맥상 밑줄 친 부분과 바꾸어 쓸 수 있는 단어를 골라 알맞은 형태로 쓰시오.

cancel	disconnect	postpone

1 Our phone service was <u>cut off</u> during the storm. _____
2 I have to <u>call off</u> our party because the hall is already booked. _____
3 Don't <u>put off</u> until tomorrow what you can do today. _____

B 빈칸에 들어갈 알맞은 단어를 고르시오.

The doctors realized that the patient would never recover, so they decided to _____ off his life-support machine.

① turn   ② laugh   ③ lay   ④ sell

C 빈칸에 공통으로 들어갈 단어를 쓰시오.

• They _____ off their conversation as I approached.
• The wing of the plane _____ off and the plane crashed.

D 우리말 해석을 참고하여 빈칸에 들어갈 단어를 알맞은 형태로 쓰시오.

1 Workers _____ off the tunnel to prevent gas from escaping.
(일꾼들은 가스가 새는 것을 막기 위해 터널을 봉쇄했다.)
2 When the factory closed, 400 workers were _____ off.
(공장이 문을 닫자, 400명의 일꾼들이 해고되었다.)

DAY 21 동사 + off (3)

완전히, 끝까지

carry off

잘 해내다
carry (추진하다) + off (완전히) → 잘 해내다

[1] She carried off her part in the plan without difficulty.

come off

1. 성공하다 ㈜ succeed
come (되다) + off (완전히) → (잘) 끝내다

2. 결과가 …이 되다, …의 상태로 끝나다
come (되다) + off (최후까지) → …으로 끝나다

[2] The wedding came off as expected.
[3] They came off badly in the debate.

finish off

1. (일을) 끝내다 ㈜ finish, complete
2. 다 먹어치우다 ㈜ finish, finish up
finish (끝내다) + off (완전히) → 완전히 끝내다; 다 먹어치우다

[4] I'm going to finish off the project tonight.
[5] Those children have finished off all the cookies.

go off

(일이) …의 상태로 진행되다, 끝나다
go ([일이] 되어가다, 진전되다) + off (끝까지) → (일이) …의 상태로 끝나다

[6] The party went off very well.

pay off

1. (빚 등을) 완전히 갚다 ㈜ repay
pay (채무 따위를 갚다) + off (완전히) → (빚을) 완전히 갚다

2. 성과를 올리다
pay (이익이 되다, 수지가 맞다) + off (완전히) → 기대했던 성과를 올리다

---

[1] 그녀는 그 계획에서 자신의 역할을 수월하게 해냈다. [2] 그 결혼식은 기대한 대로 잘 치러졌다. [3] 그들은 토론에서 결과가 좋지 않았다. [4] 나는 오늘 밤에 그 프로젝트를 끝낼 것이다. [5] 그 아이들은 쿠키를 모두 먹어치웠다. [6] 그 파티는 아주 성공적이었다.

⁷ It'll take another year to pay the car off.

⁸ Did your daring plan pay off?

> **Partners** 1. pay off a loan / debts

감소하여

cool off

1. 서늘해지다
2. (분노 · 정열 등이) 식다; 식히다

cool (식다; 식히다) + off ([더위 등이] 쇠퇴하여, 줄어서) → 서늘해지다; 식히다

⁹ Desert sand cools off rapidly at night.

¹⁰ She didn't cool off for hours after the argument.

drop off

줄어들다, 쇠퇴하다 ㉰ drop away, decline, decrease

drop ([정도 · 상태 · 가치 등이] 떨어지다, 감소하다) + off (감소하여) → 줄어들다

¹¹ The sales of our product dropped off after Christmas.

ease off

(고통 · 긴장 등이) 완화되다; 완화시키다 ㉰ ease up

ease (편해지다, 가벼워지다; 편하게 하다) + off ([고통 등이] 감소하여) → 완화되다; 완화시키다

¹² The pain will ease off soon.

¹³ After a while, the difficulty of the questions eased off.

fall off

(수량 · 강도 등이) 줄어들다 ㉰ decline, decrease, drop off

fall (감소하다, 떨어지다) + off (감소하여) → 줄어들다

¹⁴ Attendance at the meeting has fallen off.

go off

1. (사람의 역량 등이) 쇠퇴하다
2. (음식물이) 상하다, 썩다

go (…한 상태로 되다) + off ([일 · 품질이] 저하하여) → 쇠퇴하다; 상하다

¹⁵ His language skills have gone off gradually.

¹⁶ Don't drink the milk. It's gone off.

---

⁷ 그 자동차 빚을 다 갚는 데 일 년이 더 걸릴 것이다. ⁸ 네 대담한 계획은 성과를 올렸느냐? ⁹ 사막의 모래는 밤이 되면 급속히 식는다. ¹⁰ 그 논쟁 후 그녀는 몇 시간 동안 진정이 되지 않았다. ¹¹ 우리 제품의 매출은 크리스마스 이후 줄어들었다. ¹² 그 고통은 곧 완화될 거예요. ¹³ 잠시 후, 그 문제들의 어려움이 완화되었다. ¹⁴ 그 회의의 참석자 수가 감소했다. ¹⁵ 그의 언어 능력은 점점 쇠퇴하고 있다. ¹⁶ 그 우유는 마시지 마세요. 상했습니다.

★ Daily Test ★

A 빈칸에 공통으로 들어갈 단어를 골라 알맞은 형태로 쓰시오.

pay	go

1 The whole ceremony _____ off without any problems.
   This bacon smells a bit weird. I think it _____ off!

2 It will take 25 years to _____ off this house.
   Your hard work will _____ off in the end, so keep trying.

B 빈칸에 들어갈 알맞은 단어를 고르시오.

1 Mary's blood pressure started _____ off and she got dizzy.

   ① coming   ② going   ③ falling   ④ carrying

2 Even though the actor usually plays a tough guy, he _____ off the
   role of a ballet dancer very well.

   ① fell   ② carried   ③ dropped   ④ eased

C 다음 두 문장의 뜻이 비슷해지도록 빈칸에 알맞은 단어를 쓰시오.

Our team completed the report right after the experiment.

= Our team _____ off the report right after the experiment.

D 우리말 해석을 참고하여 빈칸에 들어갈 단어를 알맞은 형태로 쓰시오.

1 It takes a long time for the road to _____ off in summer.
   (여름에는 도로가 식는 데 오랜 시간이 걸린다.)

2 The pain should _____ off after a couple of hours.
   (두 시간 후면 통증이 완화될 겁니다.)

over

위쪽에, 넘어서

The water is boiling **over**.

이[저]쪽으로; 건너서

He handed **over** the key when she asked for it.

거꾸로; 넘어져

The cow kicked the milk bucket **over**.

되풀이하여, 한 번 더

He didn't like the painting, so he decided to do it **over**.

처음부터 끝까지

She looked **over** the papers and then signed them.

…에 관해

The boy was crying **over** his dead dog.

DAY 22 동사 + over (1)

위쪽에, 넘어서

boil over

1. 끓어 넘치다

2. (분노 · 흥분 등이) 억누르기 힘들다; (상황이) 위험한 상태에 이르다

boil (끓다) + over (가장자리를 넘어서) → 끓어서 넘치다

1 The water is boiling over.
2 Racial tensions were boiling over in the city.

get over

1. (슬픔 등을) 잊다; (병에서) 회복되다

get (…하게 되다) + over (…을 넘어) → (병 · 슬픔 등을) 넘어서다

2. (어려움 등을) 극복하다 ⓨ overcome

get (…하게 되다) + over (…을 넘어) → (타격 · 재앙 · 패배 등을) 넘어서다

3 It can take weeks to get over the flu.
4 We need a plan to get over the economic crisis.

pass over

1. (위로) 넘어가다, 지나가다

pass (지나가다) + over (…위로) → …위로 지나가다

2. 무시하다, 간과하다 ⓨ ignore, overlook

pass (지나가다) + over (넘어서) → 넘기고 지나가다 → 무시하다

5 I saw dark clouds passing over us.
6 She was passed over for a promotion at work again.

run over

1. (차가 사람을) 치다

run (차가 달리다) + over ([사람의] 위로) → 차가 사람을 치다

2. (용기 등이) 흘러넘치다 ⓨ overflow

run (흐르다) + over (넘어서) → 흘러넘치다

7 He was run over by a bus.
8 The bath had run over.

---

1 물이 끓어 넘치고 있다. 2 그 도시의 인종 간 갈등이 위험한 상태에 이르고 있었다. 3 독감에서 회복되는 데 몇 주가 걸릴 수도 있다.
4 우리는 경제 위기를 극복할 계획이 필요하다. 5 나는 먹구름들이 우리 위로 지나가는 것을 보았다. 6 그녀는 직장에서 또 승진이 누락되었다. 7 그는 버스에 치였다. 8 욕조에 물이 넘쳤다.

이[저]쪽으로; 건너서

bring over

데리고 오다, 가지고 오다
bring (데려오다, 가져오다) + over (이쪽으로) → 이쪽으로 데려오다, 가져오다

9 She will bring her friends over to the party.

come over

1. 방문하다 ㉮ visit
come (오다) + over (이쪽으로) → 이쪽으로 오다

2. 멀리서 오다
come (오다, 도착하다) + over ([바다 등을] 건너서) → 바다 등을 건너서 멀리서 오다

10 Please come over tonight and have dinner with me.
11 She came over from France last week, just to see us.

hand over

건네주다 ㉮ pass
hand (건네주다) + over (저쪽으로) → 상대에게 건네주다

12 He handed over the key when she asked for it.

move over

(다른 사람의 자리를 만들기 위해) 자리를 옮기다
move (위치를 옮기다) + over (이[저]쪽으로) → 이[저]쪽으로 위치를 옮겨 자리를 만들다

13 There's room for three if you move over.

pull over

(차를) 길가에 붙이다   ㉮ pull in; (경찰 등이) 차를 길가에 대게 하다
pull ([자동차를] 바짝 대다) + over (이쪽으로) → (차 등을) 이쪽으로 바짝 대다

14 The tire was flat, so he pulled the car over.

take over

(일 · 역할 등을) 이어받다, 인계받다
take (받다) + over (그쪽에서 이쪽으로) → 선임의 일을 맡다

15 Our manager has left, so Paula will take over his job.
Partners take over control / a role / a task

---

9 그녀는 파티에 자신의 친구들을 데리고 올 것이다. 10 오늘 우리 집에 와서 나랑 저녁 먹자. 11 그녀는 단지 우리를 만나려고 지난주에 프랑스에서 왔다. 12 그녀가 요청하자 그는 그 열쇠를 건네주었다. 13 네가 자리를 옮기면 세 명을 위한 공간이 생긴다. 14 타이어가 펑크가 나서 그는 차를 길가에 댔다. 15 우리 관리자가 그만둬서 Paula가 그의 업무를 이어받을 것이다.

turn over

(정보·권한 등을) 넘기다

turn (넘기다) + over (저쪽으로) → 넘겨주다

[16] The journalist was ordered to turn over all the information.

거꾸로; 넘어져

fall over

넘어지다; …에 걸려 넘어지다

fall (넘어지다) + over (거꾸로) → 넘어져서 고꾸라지다

[17] I fell over and broke my arm.

---

kick over

…을 차서 뒤엎다

kick (차다) + over (넘어져) → 차서 넘어뜨리다

[18] The cow kicked the milk bucket over.

---

tip over

넘어지다; 뒤집히다; 뒤엎다 ㈜ overturn

tip (넘어지다; 뒤집어엎다) + over (넘어져) → 넘어지다; 뒤집어엎다

[19] The boat tipped over, throwing the passengers into the river.

---

turn over

뒤집다; 뒤집히다

turn (뒤집다; 뒤집어지다) + over (거꾸로) → 거꾸로 뒤집다

[20] Turn over two of the cards at a time.

---

[16] 그 기자는 모든 정보를 넘기라는 명령을 받았다. [17] 나는 넘어져서 팔이 부러졌다. [18] 젖소가 우유 통을 차서 엎었다. [19] 배가 전복되어 승객들이 강에 빠졌다. [20] 카드 두 장을 한꺼번에 뒤집으세요.

★ Daily Test ★

A 문맥상 밑줄 친 부분과 바꾸어 쓸 수 있는 단어를 골라 알맞은 형태로 쓰시오.

ignore	pass	overturn

1 I'll quit if I am <u>passed over</u> again for this promotion again. _____
2 In my hometown, bears often <u>tip over</u> trash cans. _____
3 The police told him to <u>hand over</u> his weapons. _____

B 빈칸에 들어갈 알맞은 단어를 고르시오.

1 Let's study at your house tonight. I'll _____ my books over.
   ① bring   ② pull   ③ run   ④ kick
2 Carefully _____ over the rocks to see if there are any spiders under them.
   ① boil   ② fall   ③ move   ④ turn

C 빈칸에 공통으로 들어갈 단어를 쓰시오.

• It took her a long time to _____ over her depression.
• I want to help my students _____ over all the obstacles.

D 우리말 해석을 참고하여 빈칸에 들어갈 단어를 알맞은 형태로 쓰시오.

1 When you heat the soup, turn off the gas before it _____ over.
   (수프를 데울 때는, 그것이 끓어 넘치기 전에 가스를 꺼라.)
2 The baby _____ over whenever she tries to walk.
   (그 아기는 걸으려고 할 때마다 넘어진다.)
3 The tire was flat, so he _____ the car over.
   (타이어가 펑크가 나서 그는 차를 길가에 댔다.)

되풀이하여, 한 번 더; (기간을) 지나, 내내

do over

다시 하다; 다시 꾸미다

do (하다) + over (한 번 더) → 다시 하다; 다시 꾸미다

¹ He didn't like the painting, so he decided to do it over.

go over

반복하다 ㉠ repeat

go ([특정 활동을] 하다) + over (되풀이해서) → 반복하다

² I'll go over the explanation of how it works.

hold over

연기하다 ㉠ postpone

hold (보류하다) + over ([어떤 기간을] 지나) → 기간이 지나도록 보류하다

³ The decision was held over for further consideration.

spread over

1. (얼마의 기간에 걸쳐) 나누어 내다

2. (여러 지역에 걸쳐) 퍼지다

spread (펴다, 펼치다) + over ([기간 · 범위 등에] 걸쳐) → 얼마의 기간에 걸치다; 여러 장소에 걸치다

⁴ The payments can be spread over 12 months.
⁵ The flu spread over the whole country last winter.

stay over

하룻밤 머물다

stay (머무르다) + over ([하룻밤] 내내) → 하룻밤 머물다

⁶ It's too late. Why don't you stay over?

---

¹ 그는 그림이 맘에 들지 않아서 다시 하기로 했다. ² 나는 그것의 작동법에 대해 설명을 다시 하겠다. ³ 추가 검토를 위해 결정이 미뤄졌다.
⁴ 대금 결제는 12개월 할부가 가능합니다. ⁵ 작년 겨울에 독감이 전국으로 확산되었다. ⁶ 너무 늦었어요. 자고 가지 그래요?

처음부터 끝까지; 완전히, 면밀히

check over

…을 면밀히 점검하다

check (확인하다, 점검하다) + over (완전히, 면밀히) → 면밀히 점검하다

[7] Check your work over for spelling mistakes.

go over

…을 주의 깊게 살피다 ㈜ examine

go (가다) + over (완전히, 면밀히) → …을 주의 깊게 살피다

[8] We went over the house thoroughly before buying it.

look over

…을 빨리 훑어보다

look (살피다) + over (처음부터 끝까지) → 처음부터 끝까지 빨리 살펴보다

[9] She looked over the papers and then signed them.

read over

통독하다

read (읽다) + over (처음부터 끝까지) → 처음부터 끝까지 읽다

[10] Read over the contract before taking out insurance.

run over

…을 대강 훑어보다

run (서둘러 하다) + over (처음부터 끝까지) → 처음부터 끝까지 대충 훑어보다

[11] The actor ran over his new film script.

think over

…을 숙고하다 ㈜ consider

think (생각하다) + over (완전히, 면밀히) → …에 대해 깊이 생각하다

[12] It's a good offer, but I have to think it over.

---

[7] 철자가 틀린 게 없는지 네 과제물을 자세히 살펴봐라. [8] 우리는 그 집을 사기 전에 자세히 살펴보았다. [9] 그녀는 서류들을 죽 훑어보고 서명했다. [10] 보험에 가입하기 전에 계약서를 통독해라. [11] 그 배우는 자신의 새 영화 대본을 대강 훑어보았다. [12] 좋은 제안이지만 곰곰이 생각 좀 해봐야겠다.

argue over

…에 관해 논쟁하다, 언쟁하다 ㉤ debate

argue (논하다) + over (…에 관해) → …에 관해 논하다

13 They argued over the new educational policy.

cry over

… 때문에 울다, 후회[한탄]하다

cry (울다) + over (…에 관해, … 때문에) → … 때문에 울다, 후회[한탄]하다

14 The boy was crying over his dead dog.

talk over

(문제 · 계획 등에 관해) 이야기하다, 의논하다 ㉤ discuss

talk (서로 이야기하다, 상의하다) + over (…에 관해) → …에 관해 서로 이야기하다

15 We talked over our problems for several hours.

---

13 그들은 새 교육 정책에 관해 논쟁을 벌였다. 14 그 소년은 자신의 개가 죽어서 울고 있었다. 15 우리는 우리의 문제에 관하여 몇 시간 동안 의논했다.

★ Daily Test ★

A 문맥상 밑줄 친 부분과 바꾸어 쓸 수 있는 단어를 골라 알맞은 형태로 쓰시오.

| repeat | consider | postpone |

1 Because of the rain, the match will be held over till tomorrow. _____
2 Please think over my proposal before you reply. _____
3 For those who arrived late, I will go over this week's homework once more.

_____

B 밑줄 친 부분의 의미로 알맞은 것을 〈보기〉에서 고르시오.

| 〈보기〉 ① argue over | ② check over | ③ look over |

1 The speaker ran over her notes.
2 They talked over the current political issues.
3 Go over your work before you hand it in.

C 빈칸에 들어갈 알맞은 단어를 고르시오.

1 Fill out the form carefully, since you can't _____ it over.
  ① do   ② cry   ③ talk   ④ argue
2 Can I _____ the payment over several months?
  ① run   ② read   ③ go   ④ spread

D 우리말 해석을 참고하여 빈칸에 들어갈 단어를 알맞은 형태로 쓰시오.

1 Please _____ over the report prior to next meeting.
  (다음 회의 전에 그 보고서를 통독해 주세요.)
2 Can I _____ over at your house tonight?
  (오늘 밤 네 집에서 자도 될까?)

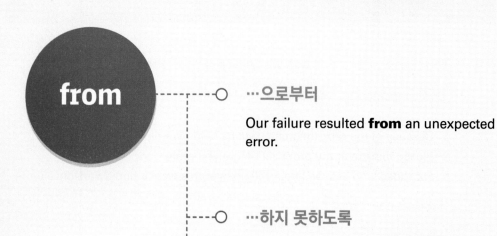

from

…으로부터

Our failure resulted **from** an unexpected error.

…하지 못하도록

The snow prevented her **from** going out.

…와 구별하여

The two brothers are so much alike that it is almost impossible to tell one **from** the other.

to

((방향 · 대상)) …에(게), …으로

Smoking cigarettes leads **to** lung disease.

((집착 · 고수)) …에(게)

She sticks **to** every task until she finishes it.

((정도)) …까지

His debts amounted **to** $10,000.

···으로부터, ···에서

be from

···(의) 출신이다

be (존재하다) + from ([출처·기원·유래] ···에서) → ···에서부터 있다

¹ Where are you from?

---

come from

1. ···(의) 출신이다 ⊕ be from

come (오다) + from ([출처·기원·유래] ···에서) → ···에서부터 오다

2. ···의 결과로서 일어나다

come (일어나다) + from ([원인·이유] ···에서부터) → ···에서부터 일어나다

² My parents came from China.
³ Scratches on cars come from being careless.

---

depart from

···에서 빗나가다, 벗어나다

depart (벗어나다) + from ([변화·추이] ···에서) → ···에서 벗어나다

⁴ I'd like to depart from the main subject of my speech for a few moments.

---

derive from

1. ···에서 유래하다, 파생하다 ⊕ come from

derive (유래하다) + from ([출처·기원·유래] ···에서) → ···에서 유래하다

2. ···에서 얻다

derive (끌어내다, 얻다) + from ([출처·기원·유래] ···에서) → ···에서 얻다

⁵ Many English words are derived from Latin.
⁶ She derives a lot of pleasure from meeting new people.

---

die from

(부상·부주의 등으로) 죽다

die (죽다) + from ([원인·이유] ···으로부터, ··· 때문에) → ···으로 인하여 죽다

⁷ He died from the wounds that he got in the car accident.

---

¹ 당신은 어디 출신입니까? ² 우리 부모님은 중국 출신이다. ³ 차에 난 흠집들은 부주의로 인해 생긴다. ⁴ 잠깐 제 연설의 본 주제에서 벗어난 얘기를 좀 했으면 합니다. ⁵ 영어에는 라틴어에서 유래된 단어가 많다. ⁶ 그녀는 새로운 사람들을 만나는 데서 많은 즐거움을 얻는다. ⁷ 그는 차 사고에서 입은 부상으로 인해 죽었다.

hear from

1. …으로부터 연락을 받다

hear (듣다) + from ([출처] …에게서) → …에게서 연락을 받다

2. (…의 의견 등을) 듣다

hear (듣다) + from ([출처] …으로부터) → …의 말을 듣다

⁸ I was so worried when I didn't hear from you for three weeks.
⁹ Next we'll hear from Dr. Martin.

result from

…에서 기인하다, 유래하다, …이 원인이다   ㉠ come from

result (결과로서 생기다) + from ([원인 · 이유] …으로부터) → …으로부터 기인하다

¹⁰ Our failure resulted from an unexpected error.

suffer from

1. (병 · 고통 등을) 앓다

suffer ([고통 등을] 경험하다, 겪다) + from ([원인 · 이유] …으로부터) → …으로 고통을 겪다

2. …으로 상처 입다, 손해를 보다

suffer (상처를 입다, 손해보다) + from ([원인 · 이유] …으로부터) → …으로 인해 손해를 보다

¹¹ She is suffering from a bad cold.
¹² His business suffered from a lack of customers.

…하지 못하도록

keep from

1. …하는 것을 삼가다, 억제하다
2. …하지 못하게 하다   ㉠ stop from

keep (삼가다, 자제하다; 방해하다) + from ([억제 · 방지] …하지 못하도록) → …하는 것을 삼가다; …하지 못하도록 막다, 방해하다

¹³ I could hardly keep from laughing when he slipped and fell.
¹⁴ My parents always keep me from eating sweets.

prevent from

…하지 못하게 하다   ㉠ keep from, stop from

prevent (방해하다) + from ([억제 · 방지] …하지 못하도록) → 방해하여 …하지 못하게 하다

¹⁵ The snow prevented her from going out.

---

⁸ 나는 네게서 3주 동안 연락이 없어 무척 걱정했었다. ⁹ 다음으로 Martin 박사님의 말씀을 듣겠습니다. ¹⁰ 우리의 실패는 예상치 못한 오류에서 기인했다. ¹¹ 그녀는 심한 감기를 앓고 있다. ¹² 그의 사업은 고객 부족으로 어려움을 겪었다. ¹³ 그가 미끄러져 넘어졌을 때 나는 웃음을 참을 수가 없었다. ¹⁴ 우리 부모님은 항상 내가 단것을 먹지 못하게 하신다. ¹⁵ 눈 때문에 그녀는 외출하지 못했다.

refrain from

···을 삼가다, 자제하다

refrain (삼가다, 그만두다) + from ([억제 · 방지] ···하지 못하도록) → 삼가하여 ···하지 않도록 하다

[16] You should refrain from smoking in the park.

shrink from

···을 꺼리다, 피하다

shrink (피하다) + from ([억제 · 방지] ···하지 않도록) → 피하여 ···하지 않다

[17] She did not shrink from her responsibility.

Partners shrink from a task / a duty

···와 구별하여

differ from

···와 다르다

differ (다르다) + from (···와 구별하여) → ···와 다르다

[18] Their products differ from ours in packaging design.

know from

···와 구별하다, 차이를 알다

know (알다) + from (···와 구별하여) → ···와 구별하여 알다

[19] The baby doesn't know his left hand from his right.

tell from

···와 구별하다, 식별하다 ⑨ know from, distinguish from

tell (분간하다) + from (···와 구별하여) → ···와 구별하다

[20] The two brothers are so much alike that it is almost impossible to tell one from the other.

---

[16] 너는 공원에서 흡연을 삼가야 한다. [17] 그녀는 자신의 책임을 회피하지 않았다. [18] 그들의 제품은 포장 디자인에서 우리 것과 다르다. [19] 그 아기는 왼손과 오른손을 구별하지 못한다. [20] 그 두 형제는 너무 닮아서 거의 분간할 수가 없다.

★ Daily Test ★

A 빈칸에 공통으로 들어갈 단어를 골라 알맞은 형태로 쓰시오.

| hear | suffer | derive |

1 The number of people _____ from heart disease has risen.
   The economy is _____ from the effects of the depression.

2 Modern democracy is _____ from ancient Greek ideas.
   As a child, Megan _____ pleasure from playing sports.

3 I'd like to _____ from you soon.
   We'll _____ from Professor Bryan in this session.

B 빈칸에 들어갈 수 <u>없는</u> 단어를 고르시오.

1 The only thing that _____ me from smoking is the health of my baby.

   ① keeps   ② prevents   ③ stops   ④ results

2 When zebras run together, it's difficult for lions to _____ one from another.

   ① tell   ② know   ③ differ   ④ distinguish

C 우리말 해석을 참고하여 빈칸에 들어갈 단어를 알맞은 형태로 쓰시오.

1 He did not _____ from his usual morning routine.
   (그는 그의 일상적인 아침 일과에서 벗어나지 않았다.)

2 English _____ from Spanish in that it is not pronounced as it is written.
   (영어는 쓰인 대로 발음되지 않는다는 면에서 스페인어와 다르다.)

((방향 · 대상)) …에(게), …으로

appeal to

1. …에게 간청하다, 애원하다
appeal (애원하다) + to (…에게) → …에게 애원하다

2. (사람의) 마음에 호소하다, 흥미를 끌다 🕀 attract
appeal (마음에 호소하다) + to (…에게) → …의 마음을 끌다

¹ I'll appeal to him not to make a rash decision.
² Does this piece of music appeal to you?

attend to

…에 주의를 기울이다, 처리하다; …을 돌보다
attend (돌보다) + to (…에) → …에 주의를 기울여 돌보다

³ I have an urgent matter to attend to.

belong to

… 소유이다, …에 속하다
belong (소속되다, 속하다) + to (…에) → …의 소유이다, …에 속하다

⁴ All the books here belong to me.

come to

(생각 등이) 갑자기 떠오르다
come ([생각 등이] 문득 떠오르다) + to (…에게) → …에게 갑자기 떠오르다, 생각나다

⁵ While listening to them, a question came to my mind.

contribute to

…에 공헌하다, 기여하다; …의 원인이 되다
contribute (공헌하다, 기여하다) + to (…에) → …에 공헌[기여]하다, …에 (기여하여) 원인이 되다

⁶ A different perspective can contribute to finding a solution.

---

¹ 나는 그에게 조급한 결정을 하지 말라고 애원해 보겠다. ² 이 곡이 마음에 듭니까? ³ 나는 해결해야 할 급한 일이 있다. ⁴ 여기 있는 모든 책들은 내 소유이다. ⁵ 그들의 말을 들으며 질문 하나가 내 머릿속에 떠올랐다. ⁶ 색다른 관점은 해결책을 찾는 데 기여할 수 있다.

get to

1. …에 도착하다 ⓐ arrive

get (닿다) + to (…에) → …에 도착하다

2. 어떤 상태에 이르다

get (어떤 상태가 되다) + to (…에) → 어떤 상태에 이르다

3. …하게 되다, …하기 시작하다

get (…하게 되다, …하기 시작하다) + to (…으로) → …하게 되다, …하기 시작하다

7 She got to London that evening.
8 When you get to my age, you'll understand.
9 After the class, I got to thinking about the life.

> **Partners** 1. get to bed
> 2. get to a stage / a point

lead to

(어떤 결과에) 이르다, …의 원인이 되다 ⓐ cause

lead (이끌다) + to (…으로) → (일이 어떤 결과에) 이르게 하다

10 Smoking cigarettes leads to lung disease.

look to

1. …에 의지하다

look (바라보다) + to (…에) → …을 바라보다 → …에 의지하다

2. …에 주의를 기울이다

look (살펴보다) + to (…에) → …에 주의를 기울이다

11 She looked to him for advice about getting accepted to the university.
12 You need to look to the future and forget your past mistakes.

occur to

(생각 등이) 떠오르다 ⓐ come to

occur (생각이 나다) + to (…에게) → …에게 문득 생각이 나다

13 Some brilliant business items occurred to me.

refer to

(사람 · 장소 등으로) 보내다

refer (맡기다) + to (…에) → 도움 등을 구하러 …에 보내다

14 The store referred the complaint back to the makers of the product.

---

7 그녀는 그날 저녁 런던에 도착했다. 8 네가 내 나이가 되면 이해할 것이다. 9 그 수업을 들은 후 나는 인생에 대해 생각하게 되었다. 10 흡연은 폐 질환의 원인이 된다. 11 그녀는 대학 입학에 대한 그의 조언에 의지했다. 12 너는 미래에 주의를 기울이고 과거의 실수들은 잊어야 한다. 13 기발한 사업 아이템 몇 개가 나에게 떠올랐다. 14 그 상점은 접수된 불만을 그 상품의 생산자에게 다시 보냈다.

see to

···에 주의를 기울이다, ···을 조치하다; ···을 돌보다 ㉤ attend to

see (보다, 마음을 쓰다) + to (···에) → ···에 주의를 기울이다, 처리하다

15 If I make lunch, will you see to the children?

turn to

1. (도움 · 충고 · 위로 등을) 구하다, 의지하다 ㉤ look to

turn (향하다, 나아가다) + to (···에게) → ···에게 의지하다

2. (성질 · 외관 등이) 변하다, 되다 ㉤ turn into, become

turn (변하다) + to (···으로) → ···으로 변하다

16 When he's in trouble, he always turns to his sister.
17 The snow turned to rain as we got further down the
   mountain.

yield to

···에 굴복하다

yield (굴복하다) + to (···에) → ···에 굴복하다

18 She yielded to temptation and ate a big piece of cheesecake.

---

15 내가 점심을 만들면 네가 아이들을 돌보겠니? 16 그는 곤경에 처할 때면 언제나 누나에게 의지한다. 17 우리가 산 아래로 더 내려오자 눈이
비로 바뀌었다. 18 그녀는 유혹에 굴복하여 치즈 케이크 큰 조각 하나를 먹어버리고 말았다.

★ Daily Test ★

A 문맥상 밑줄 친 부분과 바꾸어 쓸 수 있는 단어를 골라 알맞은 형태로 쓰시오.

attract	become	cause

1 The idea of studying abroad <u>appeals to</u> many students. _____
2 Many parts of Africa are <u>turning to</u> deserts. _____
3 Heavy clouds may <u>lead to</u> rain in the early evening. _____

B 빈칸에 들어갈 알맞은 단어를 고르시오.

1 Let's hire a nanny to _____ to the children while we are at work.

① see   ② lead   ③ yield   ④ refer

2 The new policy _____ to economic growth.

① looked   ② came   ③ occurred   ④ contributed

C 빈칸에 공통으로 들어갈 단어를 쓰시오.

• She will _____ to Rome late at night.
• When you _____ to his age, you'll understand him better.

D 우리말 해석을 참고하여 빈칸에 들어갈 단어를 알맞은 형태로 쓰시오.

1 The doctor _____ me to a physical therapist.
(의사는 나를 물리치료사에게 보냈다.)

2 This island _____ to France.
(이 섬은 프랑스 소유이다.)

3 It _____ to him that his dog was afraid of being alone.
(그는 자신의 개가 혼자 남겨지는 걸 두려워한다는 생각이 들었다.)

4 In the end, my parents _____ to my wishes and stop pressuring me to go to boarding school.
(결국, 우리 부모님은 나의 바람에 굴복하고 기숙 학교에 가라는 압력을 그만두셨다.)

《집착 · 고수》 …에(게)

adhere to

1. (물건에) 들러붙다

2. (규칙 등에) 충실하다; (의견 · 계획 등을) 고수하다

adhere (들러붙다) + to (…에) → …에 들러붙다; …을 고수하다

¹ That glue does not adhere to the wall.
² She adhered to her plan to leave early.

> Partners 2. adhere to one's principle(s) / the rule(s) / the guideline(s)

hold to

1. 고집하다, 고수하다

2. (남에게 …을) 지키게 하다

hold (지속하다, 버티다) + to (…에) → …을 고수하다; 지키게 하다

³ We tried to change his mind, but he held to his decision.
⁴ I'll hold you to that promise.

keep to

1. (규칙 · 계획 등에) 따르다 ㈜ obey, adhere to

keep (지키다) + to (…에) → …을 지키다, 따르다

2. (길 등에서) 벗어나지 않다; (본론 · 화제 등에서) 이탈하지 않다

keep (유지하다) + to (…에) → …을 유지하여 벗어나지 않다

⁵ You must keep to the speed limits.
⁶ You must keep to the path.
⁷ I wish he'd just keep to the point.

> Partners 1. keep to an agreement / a plan / a schedule
> 2. keep to the path / the subject / the point

---

¹ 그 풀은 벽에 들러붙지 않는다. ² 그녀는 일찍 떠난다는 계획을 고수했다. ³ 우리는 그의 마음을 바꾸려고 해봤지만 그는 자신의 결심을 고집했다. ⁴ 나는 네가 그 약속을 지키게 하겠다. ⁵ 너는 속도 제한을 지켜야 한다. ⁶ 너는 그 길에서 벗어나서는 안 된다. ⁷ 난 그가 요점에서 벗어나지 않았으면 한다.

stick to

1. (약속 · 신념 등을) 따르다; (의견 · 결정 등을) 고수하다　ⓨ adhere to, keep to

stick (들러붙다; 고수하다) + to (…에) → …을 충실히 지키다

2. (한 가지만을) 계속하다

stick (집착하다) + to (…에) → …에 집착하여 벗어나지 않다

⁸ He will stick to his word this time.

⁹ She sticks to every task until she finishes it.

《정도》 …까지; 《목적》 …을 위해; 《비교》 …에 비하여; 《관련 · 대상》 …을, …와 관련하여

---

amount to

총액이 …에 달하다

amount (총계가 …에 이르다) + to (…까지) → 합계가 …까지 되다

¹⁰ His debts amounted to $10,000.

---

come to

합계가 …이 되다　ⓨ amount to

come ([금액 등이] …에 달하다) + to (…까지) → 합계가 …까지 달하다

¹¹ The bill came to $100.

---

look forward to

…을 고대하다, 기대하다

look ([관심 있게] 보다) +forward (앞으로, 장래에) + to ([관련 · 대상] …을) → 장래에 있을 일을 관심 있게 보다, 고대하다, 기대하다

¹² I look forward to seeing you soon.

---

prefer to

…을 더 좋아하다

prefer (오히려 …을 좋아하다) + to ([비교] ~에 비하여) → …을 ~에 비하여 더 좋아하다

¹³ I prefer tea to coffee.

---

⁸ 이번에는 그가 꼭 약속을 지킬 것이다. ⁹ 그녀는 모든 업무에 있어 그것이 끝날 때까지 계속한다. ¹⁰ 그의 빚은 총 만 달러나 되었다. ¹¹ 청구서의 액수는 100달러에 달했다. ¹² 나는 곧 당신을 보기를 고대합니다. ¹³ 나는 커피보다는 차를 더 좋아한다.

refer to

1. …을 언급하다 ⊚ mention

refer (언급하다) + to ([관련·대상] …을) → …을 언급하다

2. (책 등을) 참고하다 ⊚ consult

refer (참고로 하다) + to ([관련·대상] …을) → …을 참고로 하다

3. (단어 등이) …을 가리키다, 나타내다

refer (나타내다) + to ([관련·대상] …을) → …을 나타내다

¹⁴ She referred to Rio de Janeiro in her speech about travel.

¹⁵ If you don't know what this means, refer to the dictionary.

¹⁶ The term "democracy" refers to a political system in which citizens govern themselves.

> **Partners** 2. refer to a book / a dictionary / the manual / the instructions

relate to

…와 관련되다, 관계가 있다

relate (관련되다) + to (…와 관련하여) → …와 관련되다

¹⁷ She told me how each of the two theories relates to the other.

run to

(수량·비용 등이) …에 달하다, 이르다

run ([특정한 수준에] 달하다) + to (…까지) → …까지 달하다

¹⁸ The cost of the repairs ran to $300.

---

¹⁴ 그녀는 여행에 관한 그녀의 연설에서 리우데자네이루를 언급했다. ¹⁵ 이것이 무엇을 의미하는지 모른다면, 사전을 참고해라. ¹⁶ '민주주의' 라는 용어는 시민이 스스로 통치하는 정치제도를 가리킨다. ¹⁷ 그녀는 내게 그 두 이론들이 서로 어떻게 관계가 있는지 말해주었다. ¹⁸ 그 수리 비용은 300달러에 달했다.

★ Daily Test ★

A 빈칸에 들어갈 알맞은 단어를 고르시오.

1 This month's sales _____ to $5,000.

① held   ② kept   ③ amounted   ④ stuck

2 We'll have to _____ to the rules at the camp.

① adhere   ② come   ③ run   ④ relate

B 밑줄 친 부분의 의미로 가장 알맞은 것을 고르시오.

1 When driving, you should keep to the speed limit.

① follow a rule   ② stay on a path   ③ continue doing something

2 I look forward to seeing you soon.

① give up   ② have a taste for   ③ hope for

C 빈칸에 공통으로 들어갈 단어를 쓰시오.

• How many times did she _____ to the subject during the speech?

• You could _____ to your compass if you get lost.

• I don't know what the figures in the chart _____ to.

D 우리말 해석을 참고하여 빈칸에 들어갈 단어를 알맞은 형태로 쓰시오.

1 I'll _____ my mom to her promise to buy me a new phone.
(나는 엄마가 나에게 새로운 휴대전화를 사준다는 약속을 지키게 할 것이다.)

2 When he was a child, he _____ his imaginary world to reality.
(그는 어렸을 때 현실보다는 자신의 상상의 세계를 더 좋아했다.)

3 The elderly tend to _____ to their old beliefs.
(노인들은 그들의 오래된 신념을 고수하는 경향이 있다.)

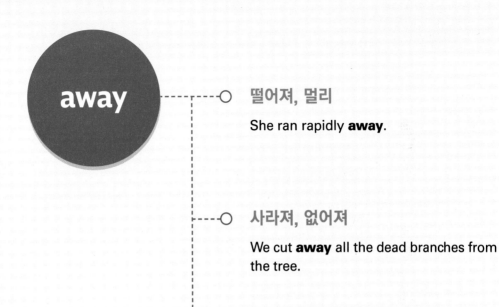

away

떨어져, 멀리

She ran rapidly **away**.

사라져, 없어져

We cut **away** all the dead branches from the tree.

계속해서

They were still talking **away** at midnight.

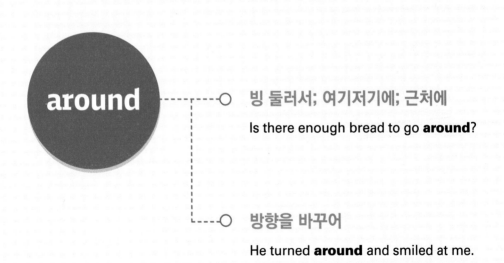

around

빙 둘러서; 여기저기에; 근처에

Is there enough bread to go **around**?

방향을 바꾸어

He turned **around** and smiled at me.

동사 + away (1)

떨어져, 멀리

break away

1. 도망치다

break ([속박 등에서] 탈출하다) + away (멀리) → 속박에서 탈출하여 도망치다

2. (단체 등에서) 나오다, 탈퇴하다

break ([속박 등을] 박차고 나오다) + away (떨어져) → …에서 떨어져 나오다

¹ The criminal broke away from the police officers.
² More than 30 lawmakers broke away to form a new party.

carry away

《보통 수동태》 넋을 잃게 하다, 흥분시키다

carry (몰고 가다) + away (멀리) → 정신을 멀리 몰고 가다 → 정신을 잃을 정도로 황홀하게 하다

³ She got carried away with excitement during the movie.

clear away

치워버리다, 치우다

clear (깨끗하게 하다, 치우다) + away (저쪽으로) → (물건 등을) 다른 곳으로 치우다

⁴ I cleared away all my books and left the library.

come away

1. 떨어지다, 떨어져 나오다

come (오다) + away (떨어져) → 떨어져 나오다

2. (…한 느낌, 생각을 받고) 떠나다

come (가다) + away (멀리) → 멀리 가버리다

⁵ The tiles began to come away from the roof.
⁶ I came away with the impression that the city was very crowded.

---

¹ 그 범인은 경찰들로부터 도망쳤다. ² 30명 이상의 국회의원들이 새 정당을 창당하기 위해 탈당했다. ³ 그녀는 영화를 보는 동안 흥분하며 넋을 잃었다. ⁴ 나는 모든 책을 치우고 도서관을 떠났다. ⁵ 타일이 지붕에서 떨어지기 시작했다. ⁶ 나는 그 도시가 매우 붐빈다는 인상을 받으며 떠났다.

get away

도망치다, 벗어나다 ㉠ escape, break away
get ([어떤 위치로] 움직이다) + away (멀리) → 멀리 도망가다

7 He tried to get away but couldn't.

---

get away with

(나쁜 행동 등을) 벌 받지 않고 해내다, 처벌을 면하다
get (어떤 상태가 되다) + away (멀어져) + with (…에 대하여) → …에 대해 벌 받는 것이 멀어지다

8 She got away with cheating on her exam.

---

go away

가버리다, 떠나다 ㉠ leave
go (가다) + away (멀리) → 멀리 가버리다

9 They went away and did not return.

---

keep away from

가까이 가지 않다; 피하다
keep (계속 …한 상태를 유지하다) + away (멀리) + from (…에서) → …에서 멀리 있는 상태를 계속 유지하다

10 Keep away from the water's edge.
11 He keeps away from dairy because of an allergy.

---

put away

(물건을 제자리로) 치우다
put ([어떤 장소에] 두다) + away (멀리, 저쪽으로) → (물건을) 저쪽에 두다

12 It's spring. Put away your winter clothes.

---

run away

달아나다, 도망가다 ㉠ break away, get away
run (도망치다) + away (멀리, 저쪽으로) → 멀리 도망쳐 버리다

13 She ran rapidly away.

---

send away

내쫓다
send (보내다) + away (멀리) → 멀리 보내버리다

14 We were sent away by the security guards.

---

7 그는 도망치려고 했으나 그러지 못했다. 8 그녀는 시험 중에 부정행위를 하고도 무사했다. 9 그들은 가서 돌아오지 않았다. 10 물가에 가까이 가지 마라. 11 그는 알레르기 때문에 유제품을 피한다. 12 봄이야. 겨울옷들을 치우럼. 13 그녀는 재빨리 도망쳤다. 14 우리는 경비들에 의해 내쫓겼다.

stay away

…에서 떨어져 있다, …에 가까이 가지 않다 (from)

stay ([어떤 상태에] 머무르다) + away (떨어져서) → 떨어져 있다

15 I want you to stay away from my cat.

---

take away

치우다

take (가지고 가다) + away (멀리, 저쪽으로) → (물건 등을) 저쪽으로 가져가다

16 Take this chair away.

---

turn away

내쫓다, 돌려보내다 ⊕ send away

turn (보내다, 쫓아 버리다) + away (멀리, 저쪽으로) → 다른 곳으로 쫓아 버리다

17 We were turned away from the restaurant because we weren't properly dressed.

---

15 난 네가 내 고양이에게 가까이 가지 않았으면 한다. 16 이 의자를 치워라. 17 우리는 복장이 적합하지 않다는 이유로 식당에서 쫓겨났다.

Daily Test

★ ★

A 빈칸에 들어갈 수 <u>없는</u> 단어를 고르시오.

The player _____ away from the defenders and ran toward the goal.

① ran ② broke ③ got ④ put

B 밑줄 친 부분의 의미로 알맞은 것을 〈보기〉에서 고르시오.

> 〈보기〉
> ① do something without punishment
> ② remain at a distance
> ③ remove something from a place

1 The signs say we should keep <u>away from</u> the animals.
2 Because of science, fewer criminals are able to <u>get away with</u> their crimes.
3 If you are finished eating, I will <u>take away</u> your dishes.

C 빈칸에 공통으로 들어갈 단어를 쓰시오.

- The dog tried to _____ away from him, but he held her tight.
- Several members decided to _____ away from the company and start their own business.

D 우리말 해석을 참고하여 빈칸에 들어갈 단어를 알맞은 형태로 쓰시오.

1 I got so _____ away with shopping that I completely forgot the time.
(나는 쇼핑에 정신이 팔려서 전혀 시간 가는 줄 몰랐다.)

2 The immigrants were _____ away because they didn't have the proper visas.
(그 이민자들은 적절한 비자를 소지하고 있지 않았기 때문에 추방되었다.)

사라져, 없어져

boil away

(끓어서) 증발하다

boil (끓다) + away (사라져) → 끓어서 사라져 버리다

[1] The water all boiled away, and the pan was burnt.

cut away

베어내다, 잘라내다

cut (잘라내다) + away (없어져) → 잘라서 없애다

[2] We cut away all the dead branches from the tree.

die away

(소리 등이) 점차 희미해지다

die (사라지다) + away (없어져) → (소리 등이) 점점 희미해져서 사라지다

[3] The laughter died away. Then there was silence.

fade away

(소리 · 기억 등이) 서서히 사라지다, 없어지다 ㉨ disappear, die away

fade (약해지다, 사라지다) + away (없어져) → 희미해져서 없어지다

[4] The idea has faded away from my memory.

give away

거저 주다

give (주다) + away (없어진 상태로) → 줘버려서 없어진 상태로 만들다

[5] She gave away all her money to the poor.

melt away

1. (얼음 · 눈 등이) 녹다
2. 서서히 사라지다 ㉨ disappear

melt (녹다) + away (사라져) → 녹아서 사라져 버리다

[6] When spring came, the ice melted away.
[7] I suddenly felt sorry for him, and my anger melted away.

---

[1] 물이 바싹 다 끓어 없어졌고 냄비가 타버렸다. [2] 우리는 나무에서 죽은 가지들을 모두 잘라냈다. [3] 웃음소리가 작아졌다. 그러자 정적이 흘렀다. [4] 그 생각은 내 기억에서 서서히 사라져 버렸다. [5] 그녀는 가진 돈 전부를 가난한 사람들에게 줘버렸다. [6] 봄이 오자 얼음이 녹아 버렸다. [7] 나는 갑자기 그가 안쓰러웠고 나의 분노는 사라져 버렸다.

pass away

죽다 ㉠ die

pass (사라지다) + away (사라져) → 이 세상에서 사라지다 → 죽다

8 Her uncle, who had been ill for some months, passed away yesterday morning.

throw away

1. 버리다 ㉠ discard

throw (내던지다) + away (없어져) → 내던져서 없어지게 하다

2. (기회 따위를) 놓치다 ㉠ waste

throw (던지다) + away (없어져) → (기회 등을) 놓쳐 버리다

9 I threw away all the broken toys.
10 I threw away my one chance for happiness.

Partners 2. throw away a chance / money / an opportunity

wash away

1. 씻어 내다; (홍수 등으로) 흘러 떠내려가게 하다

wash (씻다) + away (없어지도록) → 씻어서 없애다; 흘러 떠내려가게 하다

2. (허물·감정 등을) 씻다, 없애다

wash (씻다, 없애다) + away (사라져) → 고통 등을 사라지게 하다

11 The river banks have been washed away by the flood.
12 Time didn't wash the pain away.

wear away

닳아 없애다; 마멸되다

wear (닳게 하다; 닳다) + away (없어져) → 닳아 없애다; 닳다

13 The grass has been worn away by people walking across it.

---

8 그녀의 삼촌은 몇 달 동안 앓다가 어제 아침에 세상을 떠났다. 9 나는 부서진 장난감들을 전부 버렸다. 10 나는 행복할 수 있는 한 번의 기회를 놓쳐 버렸다. 11 강둑이 홍수로 유실되었다. 12 시간이 고통을 씻어 내지는 못했다. 13 잔디를 가로질러 걸어가는 사람들로 인해 잔디가 닳았다.

talk away

계속해서 이야기하다

talk (말하다) + away (계속해서) → 계속해서 말하다

¹⁴ They were still talking away at midnight.

---

work away

부지런히 계속 일하다

work (일하다) + away (계속해서) → 계속해서 일하다

¹⁵ We worked away all day.

¹⁴ 그들은 한밤중에도 계속 이야기하고 있었다.　¹⁵ 우리는 종일 계속 일했다.

★ Daily Test ★

A 문맥상 밑줄 친 부분과 바꾸어 쓸 수 있는 단어를 골라 알맞은 형태로 쓰시오. (중복 사용 가능)

> die   disappear

1 The actor passed away soon after filming his final movie. _____
2 The polar ice caps are melting away rapidly. _____
3 She thought she saw his face, but then the vision faded away. _____

B 빈칸에 공통으로 들어갈 단어를 각각 알맞은 형태로 쓰시오.

1 • Heavy rain has _____ away the bridge.
　• My anxiety was _____ away in the great calm.

2 • You should _____ away plastic and cans in separate bags.
　• Never _____ away that chance for a promotion.

C 우리말 해석을 참고하여 빈칸에 들어갈 단어를 알맞은 형태로 쓰시오.

1 The initials on the ring had almost _____ away.
　(반지에 새겨진 머리글자가 거의 닳아 없어졌다.)

2 Instead of _____ away, why don't you listen during my class?
　(계속해서 얘기하지 말고, 내 수업 시간에 좀 듣는 것이 어떻겠니?)

3 The quiz show _____ away millions of dollars in prizes last year.
　(그 퀴즈 쇼는 작년 상금으로 수백만 달러를 주었다.)

4 I like my hair this way, so please just _____ away the split ends.
　(저는 지금 제 머리 스타일이 좋아요. 그러니 끝의 갈라진 부분만 좀 잘라주세요.)

빙 둘러서; 여기저기에; 근처에

come around

방문하다 ㈜ visit

come (오다) + around (근처에) → 근처에 오다 → 방문하다

1 Why don't you come around after work?

---

fool around

(해야 할 일을 하지 않고) 빈둥거리다, 시간을 낭비하다

fool (빈둥거리다, 어슬렁거리다) + around (여기저기에) → 여기저기 어슬렁거리다

2 I will not fool around during this summer vacation.

---

gather around

(주위로) 모이다

gather (모이다) + around (빙 둘러서; 근처에) → 주위로 모이다

3 She started talking, so we all gathered around.

---

get around

1. 돌아다니다, 여행 다니다

get (가다) + around (여기저기에) → 여기저기에 가다

2. (소문 등이) 널리 알려지다

get (가다, 이르다) + around (여기저기에) → 소문 등이 여기저기 퍼지다

3. (곤란 등을) 피하다, 모면하다

get (가다, 이르다) + around (빙 둘러서) → 문제 등을 피해가다

4 We got around New York by bus and taxi.
5 Bad news gets around quickly.
6 Some people try to get around tax laws.

---

get around to

(못했던 일을) 마침내 하다

get (닿다) + around (근처에) + to (…까지) → … 근처까지 오다 → …을 마침내 하다

7 He bought the book, but he never got around to reading it.

---

¹ 퇴근 후에 (우리 집에) 오는 게 어때? ² 이번 여름 방학 동안에 나는 빈둥거리지 않을 것이다. ³ 그녀가 말을 시작해서 우리는 모두 모여들었다. ⁴ 우리는 버스와 택시로 뉴욕을 돌아다녔다. ⁵ 좋지 않은 소식은 빨리 퍼진다. ⁶ 어떤 사람들은 세법을 교묘히 피하려고 한다. ⁷ 그는 그 책을 사기는 했으나 그것을 읽지는 못했다.

go around

1. 방문하다, 들르다

go (가다) + around (근처에) → 근처에 가다

2. (병 · 소문 등이) 퍼지다, 만연하다 ㈜ spread

go (가다) + around (여기저기에) → 여기저기에 퍼지다

3. (음식 등이) 전원에게 골고루 돌아가다

go (가다) + around (여기저기에) → 모두에게 골고루 돌아가다

[8] I went around to your place last night, but you weren't there.
[9] There is a flu going around.
[10] Is there enough bread to go around?

hang around

(기다리거나 아무것도 하지 않으며) 시간을 보내다

hang (서성거리다) + around (근처에서) → 근처에서 서성거리다

[11] I hung around the station for an hour, but he didn't come.

look around

1. 주위를 둘러보다

look (보다) + around (빙 둘러서; 근처에) → 둘러보다

2. (돌아다니며) 구경하다

look (보다) + around (여기저기에) → 여기저기를 보다

[12] I looked around, and all I saw were fields.
[13] Would you like to look around the school?

show around

여기저기 보여주다, 구경시키다

show (보여주다) + around (여기저기에) → 여기저기를 보여주다

[14] Mr. Freeman will show the visitors around the factory.

stick around

(어떤 장소에 머물며) 기다리다, 가지 않고 있다

stick ([장소 등에] 계속 머무르다) + around (근처에서) → 근처에서 기다리다

[15] Lily's father told her to stick around so they could go fishing later.

---

[8] 내가 어젯밤에 너희 집에 방문했지만, 너는 없었다. [9] 독감이 유행하고 있다. [10] 빵이 모두에게 돌아갈 만큼 충분히 있나요? [11] 난 한 시간 동안이나 역에서 서성거렸으나 그는 오지 않았다. [12] 주위를 둘러보니 들판밖에 안 보였다. [13] 학교를 구경하시겠어요? [14] Freeman 씨가 방문객들에게 공장을 구경시켜 줄 것이다. [15] Lily의 아버지는 그녀에게 이따 낚시를 하러 갈 수 있도록 근처에 있으라고 했다.

방향을 바꾸어

**bring
around**

1. 설득시켜 찬성하게 하다 (to)

bring (이끌다) + around (반대 방향으로 돌아) → 마음을 바꾸게 하다

2. 정신 차리게 하다, 의식을 찾게 하다

bring ([상태 등에] 이르게 하다) + around ([무의식에서 의식으로] 방향을 바꾸어) →
의식을 회복하게 하다

16 She brought them around to the reconciliation.
17 After he fainted, I called 911 and tried to bring him around.

**come
around**

1. …쪽으로 마음을 바꾸다 (to)

come (어떤 상태로 되다) + around (방향을 바꾸어) → 마음을 바꾸다

2. (특정 시기 등이) 돌아오다

come (오다) + around (한 바퀴 돌아) → 돌아오다

3. 의식을 되찾다; 건강을 회복하다

come (어떤 상태로 되다) + around ([비정상에서 정상 상태로] 방향을 바꾸어) → 정신이
돌아오다; 건강을 회복하다

18 He'll come around to our way of thinking sooner or later.
19 I can feel a cool breeze when the fall comes around.
20 When I came around, I was lying on the bed.

turn around

1. 방향을 바꾸다; 돌아보다

turn (돌다) + around (방향을 바꾸어) → 다른 방향으로 돌다; 돌아보다

2. (사업 · 상황 등이) 호전되다, 전세가 역전되다; 호전시키다, 전세를 역전시키다

turn (방향을 바꾸다) + around ([불황에서 호황으로] 바뀌어) → 사업 등이 잘되기
시작하다

21 He turned around and smiled at me.
22 She turned the company around.

---

16 그녀는 그들이 화해하도록 설득하였다. 17 그가 실신한 후, 나는 911에 전화를 하고 그가 정신을 차리게 노력했다. 18 그는 조만간 우리의
생각에 동조할 것이다. 19 가을이 돌아올 때 나는 선선한 바람을 느낄 수 있다. 20 정신이 돌아왔을 때 나는 침대에 누워 있었다. 21 그는 돌아
서서 나에게 미소 지었다. 22 그녀는 (망해 가는) 그 회사를 일으켰다.

★ Daily Test ★

A 빈칸에 들어갈 알맞은 단어를 고르시오.

1 I _____ around the places I had been but couldn't find my wallet.

① brought   ② looked   ③ turned   ④ hung

2 I'll never forget the moment when the game _____ around.

① gathered   ② went   ③ turned   ④ got

B 빈칸에 공통으로 들어갈 단어를 쓰시오.

• You can use a bicycle to _____ around the city.

• It didn't take long for news of his marriage to _____ around.

• You can't _____ around the fact that smoking kills.

C 밑줄 친 부분의 의미로 가장 알맞은 것을 고르시오.

1 Why don't you stick around for some lunch?
① move about   ② give somebody help
③ work continuously   ④ wait nearby

2 After the accident, I came around to find myself already in the hospital.
① became widely known   ② handled carelessly
③ regained consciousness   ④ changed my mind

D 우리말 해석을 참고하여 빈칸에 들어갈 단어를 알맞은 형태로 쓰시오.

1 Give him time to think about your offfer; I'm sure he'll _____ around.
(그에게 너의 제안에 대해 생각할 시간을 줘라. 그는 분명 마음을 바꿀 것이다.)

2 The agent will meet us at 2 p.m. and _____ us around the apartment.
(그 중개인은 오후 2시에 우리를 만나서 아파트 여기저기를 보여줄 것이다.)

3 He has a flu that is _____ around now.
(그는 지금 유행하는 독감에 걸렸다.)

through ----○ 통과하여; 끝까지

Our soldiers have broken **through** the enemy's defenses.

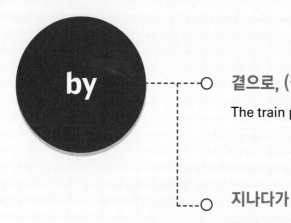

by ----○ 곁으로, (곁을) 지나서

The train passed **by** slowly.

○ 지나다가

He dropped **by** to see her on his way home.

통과하여; 끝까지

be through

1. (…와) 관계를 끊다
2. …을 끊다, 그만두다 (with)
3. 끝내다, 완료하다 (with)

be (…한 상태이다) + through (끝마쳐) → 관계가 끊어지다; 끝내다

[1] I don't want to see you anymore. We're through.
[2] I'm through with smoking.
[3] When you're through with that book, will you lend it to me?

break through

1. 뚫고 나아가다

break (쳐부수다) + through ([적진 등을] 뚫고) → 뚫고 나아가다

2. (곤경 · 장애 등을) 극복하다

break (쳐부수다) + through ([장애를] 뚫고) → 장애 등을 극복하다

3. (햇빛 따위가) 구름 사이에서 나타나다

break (나타나다) + through ([구름을] 뚫고) → 구름 사이에서 나타나다

[4] Our soldiers have broken through the enemy's defenses.
[5] I tried hard to break through personal difficulties.
[6] The sun broke through after days of rain.

carry through

(계획 등을) 해내다, 완수하다

carry ([일 등을] 추진하다) + through (끝까지) → (일 등을) 훌륭히 완수하다

[7] We succeeded in carrying through most of our plans.
Partners   carry through a plan / a proposal / a decision

[1] 더는 너를 보고 싶지 않아. 우리의 관계는 끝났어. [2] 나는 담배를 끊었다. [3] 그 책 다 읽으면 나에게 좀 빌려주겠니? [4] 우리 군사들이 적의 방어를 뚫었다. [5] 나는 개인적인 문제를 극복하기 위해 열심히 노력했다. [6] 며칠간 비가 온 후 해가 떴다. [7] 우리는 계획의 대부분을 성공적으로 완수했다.

come through

1. (영역 등을) 가로지르다, 통과하다

come (…하게 되다) + through (통과하여) → 통과하다

2. (고난 · 질병 등을) 견뎌내다, 살아남다 ㉤ survive

come (…하게 되다) + through ([어려움 등을] 뚫고) → 어려움을 뚫고 살아남다

3. 성공하다, 해내다

come (…하게 되다) + through (끝까지) → 끝까지 하다 → 성공적으로 해내다

8 The rain is coming through the roof.
9 Luckily, she came through the operation.
10 Jake needed money for college, and his father came through.

get through

1. 통과하다; 통과시키다

get (되다; 되게 하다) + through (통과하여) → 통과하다; 통과시키다

2. (전화 등으로) 연락이 되다

get (되다) + through (통하여) → 연락이 되다

3. 완성하다, 끝마치다 ㉤ finish

get (가다) + through (끝까지) → 끝까지 가다 → 완수하다

4. (시험 등에) 합격하다 ㉤ pass

get (되다) + through (훌륭히 뚫고) → 합격하다

5. (곤란 등을) 견뎌내다, 살아남다 ㉤ survive

get (되다) + through (훌륭히 뚫고) → 견뎌내다

11 We can't get the piano through the narrow entrance.
12 I tried to call, but I couldn't get through.
13 We have a lot of work to get through.
14 She got through an English oral test.
15 I don't know how I get through the harsh winter.

go through

1. (어려움 등을) 경험하다, 겪다 ㉤ undergo

go (가다) + through (통과하여, 거쳐) → 겪다

2. 샅샅이 뒤지다

go (다니다) + through (끝까지) → 샅샅이 뒤지다

3. (과정 · 절차 등을) 밟다

go (가다) + through (처음부터 끝까지, 통과하여) → 과정을 밟다

---

8 지붕에서 비가 새고 있다. 9 다행히도, 그녀는 그 수술을 견뎌냈다. 10 Jake는 대학에 갈 돈이 필요했는데, 아버지가 해결하였다.
11 그 좁은 문으로는 피아노를 들어가게 할 수 없다. 12 전화를 걸어봤지만 통화가 되지 않았다. 13 우리는 끝내야 할 일이 많다. 14 그녀는 영어 말하기 시험을 통과했다. 15 나는 혹독한 겨울을 어떻게 견뎌야 할지 모르겠어.

4. (법 등이) 승인되다, 통과하다

go (나아가다) + through (통과하여) → 법 등이 통과하다

[16] Frank went through many hardships during the war.
[17] I went through the papers to look for Emma's letter.
[18] You have to go through this process to become a club member.
[19] I hope the new law goes through Congress.

> **Partners** 3. go through a process / a routine / a procedure

go through with

실행하다, 완수하다

go (가다; 하다) + through (끝까지) + with (…와 관련하여) → …을 실행하다

[20] I'll go through with my plan whatever the opposition is.

look through

재빨리 읽다

look (보다) + through (끝까지) → 처음부터 끝까지 재빨리 읽다

[21] Look through your exam for mistakes before you hand it in.

pass through

…을 통과하여 지나가다

pass (지나가다) + through (통과하여) → …을 통과하여 지나가다

[22] The airplane passed through the atmosphere.

put through

1. …을 겪게 하다 ㉨ subject to

put (어떤 상태에 두다) + through (통과하여, 거쳐) → 어려운 상황을 거치게 하다

2. 전화를 연결하다 ㉨ connect

put (어떤 상태에 두다) + through (통하도록) → 통화를 연결시켜 주다

[23] You put me through a lot of pain.
[24] Can you put me through to this number?

sleep through

(소리 등에) 깨지 않고 그대로 자다

sleep (자다) + through (끝까지, 내내) → 깨지 않고 내내 자다

[25] I slept through the movie.

---

[16] Frank는 전쟁 중 많은 고난을 겪었다. [17] 나는 Emma의 편지를 찾기 위해 서류를 샅샅이 뒤졌다. [18] 클럽 멤버가 되기 위해서는 이 과정을 밟아야 한다. [19] 나는 새 법이 의회에서 통과되기를 바란다. [20] 어떤 반대가 있어도 나는 내 계획을 실행할 것이다. [21] 시험지를 제출하기 전에 실수가 없는지 훑어보아라. [22] 그 비행기는 대기권을 통과하여 지나갔다. [23] 너는 내가 많은 고통을 겪게 했다. [24] 이 번호로 연결해 주시겠습니까? [25] 나는 영화가 끝날 때까지 계속 잤다.

★ D a i l y   T e s t ★

A 빈칸에 들어갈 말로 알맞은 것을 고르시오.

1 I don't go to the movies with Brian anymore. We _____ through.

① break   ② are   ③ put   ④ look

2 A: Did you hear the storm last night?
   B: No, I must have _____ through it.

① got   ② slept   ③ come   ④ carried

B 다음은 'get through'의 여러 뜻을 소개한 것이다. 각 문장에서 밑줄 친 부분이 어떤 뜻으로 쓰였는지 〈보기〉에서 고르시오.

> 〈보기〉
> ① succeed in speaking to someone
> ② reach a good enough standard
> ③ deal with a difficult situation

1 These crops got through the severe drought.
2 Emily got through her exams in medical school and became a doctor.

C 빈칸에 공통으로 들어갈 단어를 쓰시오.

• Someone broke into the office and _____ through all the drawers.

• I _____ through the procedure to upgrade the program.

• The new immigration law _____ through Congress quickly.

D 우리말 해석을 참고하여 빈칸에 들어갈 단어를 알맞은 형태로 쓰시오.

1 I'll _____ through this contract over the weekend.
   (주말 동안 이 계약서를 훑어볼게요.)

2 The terrible storm was over, and at long last the sun's rays _____ through the clouds.
   (어마어마한 폭풍이 지나가고 마침내 햇살이 구름 사이로 보였다.)

곁으로, (곁을) 지나서

come by

1. 지나가다

come (오다, 가다) + by (곁을 지나서) → 곁을 지나가다

2. 입수하다, 구하다 ⓢ get, obtain

come (오다) + by (가까이에 → 손에 넣을 수 있을 만한 거리 이내로) → 손에 넣다

¹ Some kids on bikes come by, but they didn't notice me.
² How did you come by such a large sum of money?

get by

1. 지나가다, 통과하다

get (가다) + by (곁을 지나서) → 지나가다, 통과하다

2. 그럭저럭 해나가다 (on, with)

³ Please let me get by.
⁴ Somehow they got by on $800 a month.

go by

1. (시간 따위가) 경과하다, 지나다

go (가다) + by (지나) → 시간이 지나다

2. (곁을) 지나가다

go (가다) + by (곁을 지나서) → 곁을 지나가다

⁵ Last week went by so fast.
⁶ An ambulance just went by.

---

¹ 자전거를 탄 아이들이 (내 곁을) 지나갔는데 나를 알아보지 못했다. ² 어떻게 그런 큰돈을 손에 넣게 되었니? ³ 좀 지나가겠습니다. ⁴ 그들은 어떻게든 한 달에 800달러로 그럭저럭 살았다. ⁵ 지난주는 너무 빨리 지나갔다. ⁶ 구급차 한 대가 막 지나갔다.

pass by

1. (시간이) 지나가다 ⓨ go by

pass (지나가다) + by (지나) → 시간이 지나가다

2. (곁을) 지나가다 ⓨ go by

pass (지나가다, 통과하다) + by (곁으로) → 옆을 지나가다

[7] As time passed by, their antipathy kept growing.
[8] The train passed by slowly.

stand by

1. 대기하다

stand (서 있다) + by (곁에) → 곁에서 서 있다 → 대기하다

2. 방관하다

stand (서 있다) + by (곁에) → 곁에 서 있기만 하다 → 방관하다

3. 돕다, 지원하다 ⓨ support

stand (서 있다) + by (곁에) → (돕기 위해) 곁에 서 있다

4. (의견 등을) 고수하다

stand (서 있다) + by ([자신이 한 말] 곁에) → 의견이나 신념을 고수하다

[9] Rescue crews will be standing by in case of emergency.
[10] He stood by and watched the other kids bullying her.
[11] I'll stand by you whatever happens.
[12] The judges still stand by their verdict.

지나다가

call by

잠깐 들르다 ⓨ visit

call (방문하다) + by (지나다가) → 지나다가 잠깐 들르다

[13] Just call by anytime and take your package.

come by

잠깐 들르다 ⓨ visit

come ([상대방 쪽으로] 가다) + by (지나다가) → 지나다가 들르다

[14] Next time you're in the neighborhood, please come by.

[7] 시간이 지날수록, 그들의 반감은 계속 커졌다. [8] 기차가 천천히 지나갔다. [9] 비상사태가 일어날 경우를 대비하여 구조대원들이 대기하고 있을 것이다. [10] 그는 다른 아이들이 그녀를 괴롭히는 것을 보고 방관했다. [11] 무슨 일이 일어나든 나는 너를 지원하겠다. [12] 재판관들은 여전히 그들의 판결을 고수하고 있다. [13] 언제든 잠깐 들러서 네 소포를 가져가라. [14] 다음에 근처에 오시면 들러 주세요.

drop by

잠깐 들르다 ⊕ visit

drop (잠깐 들르다) + by (지나다가) → 지나다가 잠깐 들르다

¹⁵ He dropped by **to see her on his way home.**

---

stop by

잠깐 들르다 ⊕ visit

stop (잠깐 머무르다) + by (지나다가) → 지나다가 잠깐 들르다

¹⁶ Can you stop by **for a moment this afternoon?**

---

¹⁵ 그는 집에 가는 길에 그녀를 보러 잠깐 들렀다. ¹⁶ 오늘 오후에 잠깐 들를 수 있습니까?

★ Daily Test ★

A 문맥상 밑줄 친 부분과 바꾸어 쓸 수 있는 말을 골라 알맞은 형태로 쓰시오.

go by	obtain	visit

1 I came by this old clock at a flea market. _____
2 He dropped by my office. _____
3 Two weeks passed by, but she didn't come back. _____

B 빈칸에 들어갈 알맞은 단어를 고르시오.

1 Since I lost my job, I've found it difficult to _____ by.

① get   ② come   ③ stop   ④ drop

2 Please clear a path so that people can _____ by.

① call   ② stand   ③ stop   ④ get

C 빈칸에 공통으로 들어갈 단어를 쓰시오.

• I'm sure that he is not going to _____ by and see her hurt.
• The vice president continues to _____ by his decision to retire early.
• Firefighters will _____ by in case of an explosion.

D 빈칸에 들어갈 수 <u>없는</u> 단어를 고르시오.

1 You can _____ by tomorrow and pick up a brochure.

① drop   ② go   ③ come   ④ stop

2 They waved to us as we _____ by the museum.

① went   ② came   ③ passed   ④ got

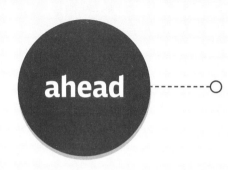

ahead ----O 앞서서; 진보하여

She ran very fast and got **ahead** of everyone else.

back ----O 뒤로

The crowd fell **back** to let the doctor through.

----O 억제하여; 보류하여

We built banks to hold **back** the rising flood waters.

----O 되돌려, 원상태로

She put the book **back** on the shelf.

DAY 32 동사 + ahead / back (1)

ahead	앞서서; 진보하여

be ahead

앞서 있다, 이기고 있다

be (있다) + ahead (앞서서) → 앞서 있다

¹ Our team is ahead by six points.

get ahead

성공하다, 출세하다 ㉤ succeed, advance

get (되다) + ahead (앞서서; 진보하여) → (남보다) 앞서게 되다 → 성공하다, 출세하다

² It takes hard work to get ahead in business.

get ahead of

…을 앞지르다, 앞서다

get (되다) + ahead of (…의 앞에, 앞으로) → …의 앞으로 나아가게 되다

³ She ran very fast and got ahead of everyone else.

go ahead

1. 먼저 가다

go (가다) + ahead (앞서서) → 남보다 먼저 가다

2. (재촉하여) 자, 어서

go (행동을 개시하다) + ahead (앞으로) → 어서 해라

3. (일 등이) 진행되다

go (진행되다) + ahead (앞으로) → (예상대로) 진행되다

⁴ The advance party has gone ahead to see if the mountain is safe for the other climbers.
⁵ Go ahead and tell me.
⁶ The construction of the new library will go ahead as planned.

go ahead with

(일 등을) 진행하다, 추진하다 ㉤ proceed with

go ahead (앞으로 나아가다) + with (…와 관련하여) → …을 진행하다, 추진하다

⁷ The council gave us permission to go ahead with our plans.

---

¹ 우리 팀이 6점 차로 이기고 있다. ² 사업에서 성공하려면 많은 노력이 필요하다. ³ 그녀는 매우 빠르게 달렸고 다른 모든 사람들을 앞질렀다. ⁴ 선발대는 산이 다른 등산가들에게 안전한지 확인하기 위하여 앞장섰다. ⁵ 자, 어서 이야기해 봐. ⁶ 그 새로운 도서관 건설은 계획대로 추진될 것이다. ⁷ 그 위원회는 우리들의 계획을 추진해도 좋다는 허가를 내줬다.

draw back

1. (뒤쪽으로) 물러서다

draw (이동하다, 움직이다) + back (뒤쪽으로) → 뒤쪽으로 물러서다

2. (…에서) 손을 떼다 (from) ⓢ withdraw

draw (끌리다) + back ([일의] 뒤로) → 일에서 물러나다, 손을 떼다

8 The crowd drew back in fear as the fire spread.
9 The company drew back from the agreement.

fall back

1. 뒤처지다
2. 물러나다, 후퇴하다 ⓢ retreat

fall (오게 되다, 가게 되다) + back (뒤로) → 뒤로 처지다; 뒤로 물러나다

10 He had been leading, but fell back.
11 The crowd fell back to let the doctor through.

fall back on

…에 의지하다

fall back (물러나다) + on (…에 의존하여) → 물러나서 …에 의존하다

12 We have some savings to fall back on.

look back

회상하다 (on) ⓢ recall

look (바라보다) + back (뒤로; 옛날을) → 회상하다

13 They like to look back on old times.

sit back

(의자에) 편안히 앉다; (아무것도 하지 않고) 편히 쉬다

sit (앉다) + back (뒤로) → 뒤로 깊숙이 앉다; 편히 쉬다

14 Just sit back and relax – I'll make dinner.

---

8 불이 번지자 군중들은 겁이 나서 뒤로 물러섰다. 9 그 회사는 그 계약에서 손을 뗐다. 10 그는 선두에 있다가, 뒤로 처졌다. 11 군중들은 그 의사가 지나가도록 우르르 뒤로 물러섰다. 12 우리는 의지할 수 있는 약간의 저축된 돈이 있다. 13 그들은 옛 시절을 회상하는 것을 좋아한다. 14 그냥 편히 앉아 쉬세요. 제가 저녁을 지을게요.

억제하여; 보류하여

cut back
1. (소비 · 비용을) 줄이다
2. (섭취 등을) 줄이다 ⑨ reduce

cut (잘라내다) + back (억제하여) → 억제하여 잘라내다 → 줄이다

¹⁵ We oppose any plans to cut back on production.
¹⁶ He was told to cut back on fat and sugar.

hold back
1. (전진 · 성공 등을) 막다, 저지하다

hold (어떤 상태를 유지하다) + back (억제하여) → 막다, 저지하다

2. 망설이다, 주저하다

hold (어떤 상태를 유지하다) + back (보류하여) → 망설이다, 주저하다

3. (감정 · 비밀 등을) 말하지 않다, 숨기다

hold (어떤 상태를 유지하다) + back ([감정의 표출을] 억제하여) → 숨기다

¹⁷ We built banks to hold back the rising flood waters.
¹⁸ They held back from investing because of the financial crisis.
¹⁹ You must know the whole story. Don't hold back.

¹⁵ 우리는 생산을 줄이는 어떤 계획에도 반대한다. ¹⁶ 그는 지방과 당분 섭취를 줄이라는 말을 들었다. ¹⁷ 우리는 홍수로 불어 오르는 물을 막기 위하여 제방을 쌓았다. ¹⁸ 재정적 위기로 그들은 투자를 망설였다. ¹⁹ 너는 틀림없이 전말을 다 알고 있잖아. 숨기지 마.

146 DAY 32

★ Daily Test ★

A 빈칸에 들어갈 알맞은 단어를 고르시오.

The event will _____ ahead as planned at City Hall this evening.

① go   ② be   ③ get   ④ look

B 빈칸에 공통으로 들어갈 단어를 쓰시오.

1 • The firefighters struggled to _____ back the flames.

   • That doesn't sound true. You seem to _____ something back.

2 • People tried to _____ back as the road started to crack.

   • The government decided to _____ back from its new housing plan.

C 두 문장의 뜻이 비슷해지도록 빈칸에 알맞은 단어를 쓰시오.

1 You can always make use of your earlier experience in an emergency.

  = You can always _____ back on your earlier experience in an emergency.

2 Think about your previous mistakes and learn from them.

  = _____ back on your previous mistakes and learn from them.

3 Some countries refuse to reduce their energy use.

  = Some countries refuse to _____ back on their energy use.

D 우리말 해석을 참고하여 빈칸에 들어갈 단어를 알맞은 형태로 쓰시오.

1 The tournament is coming up. I can't afford to _____ back and relax.

(경기가 다가온다. 나는 아무것도 안 하고 쉬고 있을 수는 없다.)

2 You must try harder if you want to _____ ahead of the competition.

(경쟁에서 앞서기 위해서는 더 열심히 노력해야만 한다.)

3 We've been given the green light to _____ ahead with our project.

(우리는 프로젝트를 추진할 정식 허가를 받았다.)

되돌려, 원상태로; 대답하여

bring back

1. 돌려주다, 반품하다
bring (가져오다) + back (되돌려) → 돌려주다

2. 상기시키다
bring (가져오다) + back (되돌려, 다시) → 기억 등을 다시 떠오르게 하다

[1] Please bring back the book tomorrow.
[2] The photos brought back happy memories.

call back

나중에 다시 전화하다
call (전화를 걸다) + back (대답하여) → 다시 전화하다

[3] She is on another line. Can she call you back in a few minutes?

come back

1. 돌아오다 ㉿ return
come (오다) + back (되돌아) → 되돌아오다

2. (기억 등이) 다시 떠오르다
come (생각나다; 떠오르다) + back (되돌려, 다시) → 다시 생각나다

[4] He is in the meeting now. Please come back in an hour.
[5] It has suddenly come back to me where I met you.

get back

1. 돌아오다 ㉿ return
get (어떤 장소에 이르다) + back (되돌아) → 돌아오다

2. 되돌려 받다, 되찾다
get (받다) + back (되돌려) → 되돌려 받다

3. (전화·편지 등으로) 답장하다, 다시 연락하다 (to)
get (닿다) + back (대답하여) → 다시 연락하다

[1] 내일 책을 돌려주세요. [2] 그 사진들을 보니 행복했던 기억이 다시 떠올랐다. [3] 그녀는 통화 중인데요. 몇 분 뒤에 그쪽으로 다시 전화하라고 해도 될까요? [4] 그는 지금 회의 중입니다. 한 시간 뒤에 다시 와주세요. [5] 당신을 어디서 만났는지 갑자기 생각이 났습니다.

⁶ I expect them to get back about eight tonight.

⁷ If I don't like the shirt, can I get my money back?

⁸ I can't answer your question now, but I'll get back to you tomorrow.

give back

돌려주다

give (주다) + back (되돌려) → 돌려주다

⁹ When can you give back my laptop?

go back

(사람 · 장소 · 주제 · 활동 등으로) 돌아가다 (to) ㉠ return

go (가다) + back (원위치로) → 돌아가다

¹⁰ Let's go back to the subject we were discussing.

pay back

1. (돈을) 갚다 ㉠ repay

pay (갚다) + back (되돌려) → (돈을) 갚다

2. 복수하다

pay (보복하다) + back (되돌려) → 복수하다

¹¹ He paid the money back promptly.

¹² I'll pay you back for the mean thing you did.

put back

본래의 자리에 갖다 놓다 ㉠ replace

put (어떤 장소에 두다) + back (원위치로) → 본래의 자리에 갖다 놓다

¹³ She put the book back on the shelf.

send back

되돌려 보내다 ㉠ return

send (보내다) + back (되돌려) → 되돌려 보내다

¹⁴ Broken items can be sent back.

---

⁶ 나는 그들이 오늘 밤 8시경이면 돌아오리라고 생각한다. ⁷ 이 셔츠가 마음에 들지 않으면 환불받을 수 있나요? ⁸ 지금은 네 질문에 대답을 해줄 수가 없지만 내일 다시 연락해줄게. ⁹ 언제 내 노트북을 돌려줄 수 있습니까? ¹⁰ 우리가 토의하고 있던 주제로 돌아갑시다. ¹¹ 그는 돈을 즉시 갚았다. ¹² 나는 네가 한 비열한 짓에 대해 복수하겠다. ¹³ 그녀는 그 책을 선반에 도로 갖다 놓았다. ¹⁴ 손상된 제품은 되돌려 보내셔도 됩니다.

take back

1. (하자 등으로) 반환하다, 반품하다 ㉑ return

take (가지고 가다) + back (되돌려) → (하자 등이 있어) 반환하다

2. (말 등을) 취소하다 ㉑ withdraw

take (가지고 가다) + back (원상태로) → 잘못된 말을 주워 담다

[15] If the pants don't fit, take them back.

[16] I'm sorry I was rude. I take back what I said.

talk back

말대꾸하다

talk (말하다) + back (대답하여, 되받아쳐) → 말대꾸하다

[17] Don't talk back to your grandmother when she is giving you advice.

turn back

(오던 길을) 되돌아가다; (원래 상황으로) 돌아가다; 되돌리다

turn (진행 방향을 바꾸다) + back (되돌아) → 되돌아가다; 되돌리다

[18] It's getting dark. We'd better turn back.

[19] We've already gone too far to turn back now.

write back

답장하다

write (편지를 쓰다) + back (대답하여) → 답장하다

[20] The company wrote back, denying responsibility for the accident.

---

[15] 바지가 맞지 않으면 반품하세요. [16] 무례하게 굴어서 미안해. 내가 한 말 취소할게. [17] 할머니가 네게 충고할 때 말대꾸하지 마라. [18] 날이 어두워지고 있다. 되돌아가는 게 좋겠어. [19] 우리는 되돌아가기엔 지금 너무 멀리 왔어. [20] 그 회사는 답장을 썼는데, 그 사고에 대한 책임을 부인했다.

★ Daily Test ★

A 밑줄 친 부분의 의미로 가장 알맞은 것을 고르시오.

I know I've heard this song before. Its name will <u>come back</u> to me soon.

① touch one's heart

② be recalled

③ be easy to remember

④ become forgotten gradually

B 빈칸에 공통으로 들어갈 단어를 쓰시오.

1 • When do you _____ back from your vacation?

• Leave a message and I'll _____ back to you as soon as possible.

2 • I decided to _____ back the cap because I have a similar one.

• What I said about you was wrong. I _____ it back.

C 두 문장의 뜻이 비슷해지도록 빈칸에 알맞은 단어를 쓰시오.

I couldn't forget what he'd done and was determined to take revenge on him.

= I couldn't forget what he'd done and was determined to _____ him back.

D 우리말 해석을 참고하여 빈칸에 들어갈 단어를 알맞은 형태로 쓰시오.

1 Please _____ back to me soon and tell me your answer.

(내게 빨리 답장해서 너의 대답을 알려줘.)

2 Before the climbers could reach the top of the mountain, bad weather

forced them to _____ back.

(등산객들은 산의 정상에 이르기 전에 악천후로 인해 오던 길을 되돌아가야 했다.)

across ────○ 건너서, 가로질러

The only way to get **across** the river is by boat.

along ────○ 따라서, 쭉; 함께

I'll go **along** with you to the party.

about ────○ 주위에

A great change has come **about** since the war.

after ────○ ⋯의 뒤를 따라

They have been running **after** him all day.

────○ ⋯을 본떠서

The boy takes **after** his father.

동사 + across / along

across — 건너서, 가로질러; 교차하여

come across

1. 우연히 만나다, 발견하다 ⊕ encounter

come (오다, 가다) + across (교차하여) → 교차되다 → 우연히 만나다

2. 이해되다, 잘 전달되다

come (되다) + across ([전달하는 쪽에서 전달받는 쪽으로] 가로질러) → 이해되다

1 I've just come across a beautiful poem in this book.
2 Your speech came across very well. Everyone liked it.

cut across

1. 질러가다

cut (가로지르다) + across (가로질러) → 질러가다

2. 초월하다, 넘다

cut (가로지르다) + across (건너서) → (경계 등을) 건너 적용되다

3 I got here early by cutting across the field.
4 Educational problems cut across class boundaries.
> Partners 2. cut across a boundary / a division

get across

1. (강 · 길 · 다리 등의 반대쪽으로) 건너다

get (가다, 이르다) + across (건너서) → 건너다

2. 이해되다, 이해시키다

get (이르다; …에 이르게 하다) + across ([전달하는 쪽에서 전달받는 쪽으로] 가로질러) → 이해되다, 이해시키다

5 The only way to get across the river is by boat.
6 He tried hard, but he couldn't get his point across to her.
> Partners 2. get a message / an idea / a point across

---

1 나는 방금 이 책에서 아름다운 시 한 편을 우연히 발견했다. 2 너의 연설의 취지는 아주 잘 전달되었다. 모든 사람들이 좋아했다. 3 나는 들판을 가로질러서 이곳에 일찍 도착했다. 4 교육 관련 문제들은 계층 간 경계를 초월한다. 5 그 강을 건너는 유일한 방법은 배를 이용하는 것이다. 6 그는 열심히 노력했지만 자신의 논점을 그녀에게 이해시키지 못했다.

run across

우연히 만나다, 발견하다 ㈜ encounter, come across

run (되다) + across (교차하여) → 우연히 만나다, 발견하다

⁷ I ran across my favorite actor in the airport.

spread across

…에 걸쳐 확산되다, 퍼지다

spread (확산되다, 퍼지다) + across (가로질러) → …에 걸쳐 확산되다, 퍼지다

⁸ The disease spread across the whole of Europe.

along   따라서, 쭉; 함께

be along

오다, 도착하다

be (있다) + along (함께하는 위치로) → 오다, 도착하다

⁹ She will be along in a few minutes.

come along

1. (사람 · 사물 · 기회 등이) 나타나다 ㈜ turn up, appear

come (오다) + along (함께) → 나타나다

2. 동행하다

come (오다, 가다) + along (함께, 데리고) → 동행하다

3. 진척되다; 진보하다; (병이) 회복되다

come (가다) + along (앞으로, 쭉) → 진척되다

¹⁰ Jobs like this don't come along very often!

¹¹ Only Jane was invited to the party, but both her sisters came along.

¹² How is your work coming along?

---

⁷ 나는 공항에서 내가 좋아하는 배우를 우연히 만났다.   ⁸ 그 병은 유럽 전체에 걸쳐 확산되었다.   ⁹ 그녀는 몇 분 내에 도착할 것이다. ¹⁰ 이런 일거리가 그리 자주 나타나는 게 아니야!   ¹¹ 파티에는 Jane만 초대를 받았으나 그녀의 두 언니도 같이 왔다.   ¹² 하시는 일은 잘 되어 갑니까?

get along

1. (…와) 잘 지내다 (with)

get (되다) + along (함께) → (…와) 친하게 지내다

2. 잘해나가다

get (가다, 이르다) + along ([과정을] 따라) → 잘해나가다

3. 떠나다 ㉾ leave

get (가다) + along ([가야 할 길을] 따라) → 떠나다

[13] I get along well with him.
[14] She is getting along much better in her new project.
[15] I have to be getting along now.

go along

1. (일 등이) 진전되다

go (가다) + along (쭉, 앞으로) → 진전되다

2. (…와) 동행하다 (with)

go (가다) + along (함께) → (…와) 동행하다

3. (의견 · 사람 등에) 찬성하다; 받아들이다 (with)

go (가다) + along (함께) → (…와) 관련하여 함께 가다 → 찬성하다; 받아들이다

[16] Things are going along nicely.
[17] I'll go along with you to the party.
[18] A: I plan to study in Switzerland.
   B: You'll never get Mom to go along with it.

---

[13] 나는 그와 사이좋게 지내고 있다. [14] 그녀는 새 프로젝트에서 훨씬 더 잘해나가고 있다. [15] 나는 지금 가봐야겠어. [16] 모든 것이 잘 되어 가고 있다. [17] 파티에 내가 너와 함께 가겠다. [18] A: 나는 스위스에서 공부할 계획이야. B: 넌 절대로 엄마가 그 계획에 찬성하게 할 수 없을 거야.

★ Daily Test ★

A 빈칸에 들어갈 알맞은 단어를 고르시오.

1 I _____ across my former teacher in the public library.

① ran   ② got   ③ spread   ④ cut

2 Papers were _____ across the floor.

① gotten   ② come   ③ cut   ④ spread

B 밑줄 친 부분의 의미로 가장 알맞은 것을 고르시오.

1 If you don't make it to the bus stop in time, another bus will be along soon.

① come to a place   ② move further   ③ pass without stopping

2 A: How did you hear about our company?
   B: I came across your advertisement in a magazine.

① searched for   ② crossed the road   ③ discovered by chance

C 빈칸에 공통으로 들어갈 단어를 쓰시오.

• He's going to Paris tomorrow, and I think I could just _____ along too.

• A: I don't think the government has done a very good job.
  B: I'd _____ along with that.

D 우리말 해석을 참고하여 빈칸에 들어갈 단어를 알맞은 형태로 쓰시오.

1 This sentiment _____ across all racial and social lines.
   (이 정서는 모든 인종적, 사회적 구분을 초월한다.)

2 I _____ along well with most of my friends.
   (나는 대부분의 친구들과 잘 어울려 지낸다.)

DAY 35 동사 + about / after

bring about

야기하다, 초래하다 ⊕ cause

bring (가져오다) + about ([우리의] 주위에) → 초래하다

¹ Science has brought about many changes in our lives.

come about

(일이) 일어나다, 생기다 ⊕ happen, occur

come (오다) + about ([우리의] 주위에) → 일이 일어나다

² Sometimes it is hard to tell how a quarrel comes about.
³ A great change has come about since the war.

go about

1. (평소대로) 계속하다

go (나아가다) + about (…에 관해) → 계속해나가다

2. 착수하다, 시작하다

go (시작하다) + about (…에 관해) → 착수하다, 시작하다

⁴ Go about your work as if I weren't here.
⁵ I want to help, but I don't know how to go about it.

hear about

…에 관해 알게 되다

hear (전해 듣다, 소식을 듣다) + about (…에 관해) → …에 관해 들어서 알게 되다

⁶ We've been hearing a lot about that young tennis player lately.

set about

시작하다, 착수하다 ⊕ begin

set (시작하다) + about (…에 관해) → 시작하다

⁷ Investigators set about collecting and examining the evidence.

¹ 과학은 우리 생활에 많은 변화를 초래했다. ² 가끔은 어떻게 언쟁이 일어나는지 설명하기 어렵다. ³ 전쟁이 끝난 후에 큰 변화가 생겼다. ⁴ 내가 여기에 없다고 생각하고 일을 계속해라. ⁵ 돕고 싶지만, 어떻게 시작해야 할지 모르겠네요. ⁶ 우리는 최근 그 젊은 테니스 선수에 관해 많은 것을 알게 되었다. ⁷ 수사관들은 증거를 모으고 조사하기 시작했다.

after   ···의 뒤를 따라; ···을 바라고

go after

1. 얻으려 애쓰다

go (나아가다) + after (···을 바라고) → ···을 얻으려 애쓰다

2. 뒤쫓다

go (가다) + after (···의 뒤를 따라) → ···을 뒤쫓다

[8] She is going after the championship.

[9] It would be dangerous to go after the killer on your own.

run after

뒤쫓다 ⊕ chase

run (달려가다) + after (···의 뒤를 따라) → ···을 뒤쫓다

[10] They have been running after him all day.

···을 본떠서, ···을 따라

name after

···의 이름을 따서 이름 짓다

name (명명하다, 부르다) + after (···을 따라) → ···의 이름을 따서 이름 짓다

[11] The machine was named after its inventor.

take after

(용모 · 행동 면에서) 닮다 ⊕ resemble

take (취하다) + after (···을 본떠서) → ···을 닮다

[12] The boy takes after his father.

---

[8] 그녀는 챔피언 자리를 차지하려고 애쓰고 있다.   [9] 혼자서 그 살인범을 뒤쫓는 것은 위험할 것이다.   [10] 그들은 온종일 그를 뒤쫓아 다녔다.
[11] 그 기계는 발명자의 이름을 따서 명명되었다.   [12] 그 소년은 자신의 아버지를 닮았다.

ask after

···의 안부를 묻다

ask (물어보다) + after (···에 대하여) → ···의 안부를 묻다

¹³ They asked after you, and I told them you were doing well.

inquire after

···의 안부를 묻다 ㈜ ask after

inquire (물어보다) + after (···에 대하여) → ···의 안부를 묻다

¹⁴ She inquired after my mother's health.

look after

돌보다, 보살펴 주다 ㈜ take care of

look (보다, 살피다) + after (···에 대하여) → ···을 돌보다

¹⁵ Rita will look after our children until we get back.

---

¹³ 그들이 네 안부를 묻기에 잘 지낸다고 대답해 주었다. ¹⁴ 그녀는 내 어머니가 건강한지 안부를 물었다. ¹⁵ 우리가 돌아올 때까지 Rita가 우리 아이들을 돌볼 것이다.

★ Daily Test ★

A 문맥상 밑줄 친 부분과 바꾸어 쓸 수 있는 단어를 골라 알맞은 형태로 쓰시오.

cause	begin	resemble

1 He <u>takes after</u> his mother. _____
2 Spring <u>brings about</u> a change in people's behavior. _____
3 Let's <u>set about</u> getting things packed for the move. _____

B 빈칸에 들어갈 알맞은 단어를 고르시오.

1 Why don't you _____ your baby after yourself?
   ① name   ② run   ③ ask   ④ take
2 The creative idea _____ about after a long discussion.
   ① look   ② heard   ③ came   ④ inquired

C 빈칸에 공통으로 들어갈 단어를 쓰시오.

• People tried to _____ about their work as usual, despite the noise.
• Here are some useful tips on how to _____ about your own business.

D 우리말 해석을 참고하여 빈칸에 들어갈 단어를 알맞은 형태로 쓰시오.

1 I met Calvin yesterday and he _____ after you.
   (나는 어제 Calvin을 만났는데 그가 네 안부를 물었다.)
2 He've been dying to _____ about your new job.
   (그는 너의 새로운 직업에 관해 무척 알고 싶어 한다.)
3 I have to _____ after my sister's kids while she goes on vacation.
   (나는 누나가 휴가 가 있는 동안 그녀의 아이들을 돌봐야 한다.)

for

○ 《교환·보상》 …에 대해

She made up **for** lost time by driving fast.

○ 《목적·추구》 …을 위해, …을 찾아

She always strives **for** perfection, but is never satisfied.

○ 《방향》 …을 향해

I leave **for** America today.

○ 《찬성》 …에 찬성하여

I'm **for** the CEO's plan.

○ 《가치》 …으로서

I took it **for** the truth.

○ 《대리·대용》 …을 대신해서

A dove stands **for** peace.

《교환 · 보상》 …에 대해

account for

설명하다; …의 원인이 되다; 해명하다 ㉮ explain

account (설명하다) + for (…에 대해) → …에 대해 설명하다

¹ He could not account for his foolish mistake.

allow for

고려하다 ㉮ consider

allow (고려하다, 참작하다) + for (…에 대해) → …에 대해 고려하다

² You have to allow for your current situation.

[Partners] allow for the possibility / differences

answer for

(결과에 대해) 책임을 지다

answer (대답하다) + for (…에 대해) → …에 대해 책임을 지다

³ I will answer for their behavior in the future.

[Partners] answer for the consequences / somebody's actions

care for

1. 돌보다, 소중하게 다루다 ㉮ look after

care (돌보다) + for (…에 대해) → …을 돌보다

2. 좋아하다 ㉮ like

care (좋아하다) + for (…에 대해) → …을 좋아하다

⁴ I cared for the children while their mother was away.
⁵ I care deeply for you.

go for

…의 경우에도 들어맞다 ㉮ apply to

go (해당하다) + for (…에 대해) → …의 경우에도 들어맞다

⁶ What the teacher said about the girls goes for the boys, too.

---

¹ 그는 자신의 어리석은 잘못에 대해 설명할 수 없었다. ² 너의 현재 상황에 대해 고려해야 한다. ³ 그들의 앞으로의 행동에 대해 내가 책임을
지겠다. ⁴ 아이들의 어머니가 외출하고 없는 동안 내가 그들을 돌보았다. ⁵ 나는 당신을 매우 좋아해요. ⁶ 선생님께서 여학생들에 관해 말씀
하신 것은 남학생들에게도 해당한다.

make up for

(손해 등을) 메우다, 만회하다 ⓢ compensate for

make up (메우다, 보충하다) + for (…에 대해) → 손해 등을 만회하다

7 She made up for lost time by driving fast.

pay for

…의 대가로 지불하다; …의 대가를 치르다

pay (지불하다) + for (…에 대해) → …의 대가로 지불하다; 대가를 치르다

8 I paid five dollars for the book.
9 You'll have to pay for your crime.
   `Partners` pay for a mistake / a crime

《목적 · 추구》 …을 위해, …을 찾아

apply for

신청하다; 지원하다

apply (신청하다) + for (…을 위해) → …을 신청하다; …에 지원하다

10 Where can I apply for a license?
11 I applied for a job at your company.

ask for

요구하다, 요청하다 ⓢ request, demand

ask (요구하다) + for (…을 찾아, …을 위해) → …을 요구하다

12 The miners are asking for an increase in pay.

call for

1. (공개적으로) …을 요구하다 ⓢ demand

2. …을 필요로 하다 ⓢ require

call (외치다) + for (…을 찾아) → …을 요구하다; …을 필요로 하다

13 They called for his resignation.
14 The job calls for extreme care.

die for

…을 위해 기꺼이 죽다

die (죽다) + for (…을 위해) → …을 위해 죽다

15 They say they are willing to die for their country.

---

7 그녀는 차를 빨리 몰아 지연된 시간을 만회했다. 8 나는 그 책값으로 5달러를 지불했다. 9 너는 너의 죗값을 치르게 될 것이다. 10 어디에서 면허를 신청할 수 있나요? 11 저는 귀사에 지원했습니다. 12 광부들이 임금 인상을 요구하고 있다. 13 그들은 그의 퇴임을 요구했다. 14 그 일은 극도의 주의를 요한다. 15 그들은 나라를 위해 기꺼이 죽을 수 있다고 말한다.

fight for

…을 위해 싸우다

fight (싸우다) + for (…을 위해) → …을 위해 싸우다

16 They fought for the right to vote.

long for

…을 간절히 바라다

long (간절히 바라다) + for (…을 찾아) → …을 간절히 바라다

17 The crowd was longing for the performance to start.

look for

…을 찾다

look (둘러보다, 찾다) + for (…을 찾아) → …을 찾다

18 I was looking for my wallet under the sofa.

pray for

…을 간절히 바라다; …을 위해 기도하다

pray (간절히 바라다; 기도하다) + for (…을 찾아) → …을 간절히 바라다; …을 위해 기도하다

19 We prayed for a nice day for Saturday's baseball game.

reach for

…을 잡으려고 손을 뻗다

reach ([손·팔 등을] 뻗다) + for (…을 찾아) → …을 잡으려고 손을 뻗다

20 His arms are long enough to reach for apples in the tree.

run for

(선거에) 입후보하다

run (참가하다) + for (…을 위해) → (관직 등에 오르기 위해) 후보자로서 참가하다

21 Who will run for president next year?

search for

…을 찾아보다, 검색하다

search (찾아보다) + for (…을 찾아) → …을 찾아보다

22 I searched for some articles about him all day.

strive for

…을 위해 애쓰다, 분투하다

strive (애쓰다) + for (…을 위해) → …을 위해 애쓰다

23 She always strives for perfection, but is never satisfied.

---

16 그들은 투표권을 위해 싸웠다. 17 관중들은 그 공연이 시작되기를 간절히 바라고 있었다. 18 나는 소파 아래에서 지갑을 찾고 있었다. 19 우리는 토요일의 야구 경기를 위해 날씨가 좋길 간절히 바랐다. 20 그의 팔은 나무에 달린 사과에 닿을 만큼 길다. 21 내년에 누가 대통령에 출마할 것인가? 22 나는 종일 그에 관한 기사를 좀 찾아보았다. 23 그녀는 항상 완벽을 위해 애쓰지만, 전혀 만족하지 않는다.

★ Daily Test ★

A 문맥상 밑줄 친 부분과 바꾸어 쓸 수 있는 단어를 골라 알맞은 형태로 쓰시오.

> explain   require   consider

1 What he's doing <u>calls for</u> great skill and courage. _____
2 There's $3,000 missing that no one can <u>account for</u>. _____
3 To arrive at the interview on time, <u>allow for</u> traffic on the roads.

_____

B 빈칸에 들어갈 알맞은 단어를 고르시오.

1 A: I heard there's a job opening in this company.
  B: Yes. Do you want to _____ for it?

  ① apply   ② reach   ③ look   ④ answer

2 It was freezing outside, and I was _____ for a hot drink.

  ① answering   ② longing   ③ applying   ④ running

C 빈칸에 공통으로 들어갈 단어를 쓰시오.

- If you _____ for me, don't lie to me.
- Teach your children how to _____ for their pets.

D 우리말 해석을 참고하여 빈칸에 들어갈 단어를 알맞은 형태로 쓰시오.

1 I ate too much last night, and now I'm _____ for it.
  (나는 어젯밤에 너무 많이 먹어서, 지금 대가를 치르고 있다.)
2 My determination will _____ _____ for my lack of experience.
  (나의 결단력은 나의 경험이 부족한 부분을 메워줄 것이다.)
3 The company is _____ for the best possible results.
  (그 회사는 가능한 최상의 결과들을 얻기 위해 노력하고 있다.)

DAY 37 동사 + for (2)

((방향)) …을 향해

go for

…을 공격하다 ⓨ attack

go (가다) + for (…을 향해) → …을 향해 가다 → …을 공격하다

[1] The guard dog went for the thief.

leave for

…을 향해 떠나다

leave (떠나다) + for (…을 향해) → …을 향해 떠나다

[2] I leave for America today.

make for

…쪽으로 향하다

make (나아가다) + for (…을 향해) → …으로 향하다

[3] It started raining, so she made for the house.

((찬성)) …에 찬성하여

be for

지지하다 ⓨ support

be (…이다) + for (…에 찬성하여) → …을 지지하다

[4] I'm for the CEO's plan.

go for

지지하다, 좋아하다; 선택하다 ⓨ choose

go (가다, 향하다) + for (…에 찬성하여) → …을 지지하다; …을 선택하다

[5] Young people go for his idealism.
[6] I'm not that hungry. I'll go for the salad.

stand for

(원칙·주의 등을) 지지하다

stand (어떤 태도를 보이다) + for (…에 찬성하여) → …을 지지하다

[7] Before we elect her to Congress, we want to know what she stands for.

---

[1] 그 경비견이 그 도둑을 공격했다. [2] 나는 오늘 미국으로 떠난다. [3] 비가 내리기 시작하자, 그녀는 집으로 향했다. [4] 난 최고경영자의 계획을 지지한다. [5] 젊은 사람들은 그의 이상주의를 지지한다. [6] 난 그렇게 배가 고프지 않아. 난 샐러드를 먹겠어. [7] 그녀를 국회의원으로 뽑기 전에 우리는 그녀가 무엇을 지지하는지 알고 싶다.

((이익)) …을 위하여; ((가치)) …으로서

pass for

(흔히 가짜 따위가) …으로 통하다, 받아들여지다

pass (통과하다) + for (…으로서) → …으로서 받아들여지다

8 In this small village, he passed for an educated man.

take for

…으로 간주하다; …으로 잘못 생각하다

take (받아들이다) + for (…으로서) → …으로 생각하다

9 I took it for the truth.
10 I'm sorry, I took you for your brother. You look so much alike.

work for

…에 근무하다

work (일하다) + for (…을 위하여) → …에 근무하다

11 How long have you been working for this firm?

---

8 이 작은 마을에서 그는 학자로 (잘못) 통했다. 9 나는 그것이 진실이라고 생각했다. 10 미안해요. 난 당신이 당신 형인 줄 알았습니다. 두 분이 너무 비슷해요. 11 당신은 이 회사에서 얼마나 근무했습니까?

act for

…의 대리하다, 대행하다 ㉤ represent

act (행동하다) + for (…을 대신해서) → …의 대행을 하다

[12] The lawyers act for the defendant.

speak for

…을 대변하다

speak (말하다) + for (…을 대신해서) → …을 대변하다

[13] We must choose one person to speak for the whole group.

stand for

상징하다, 의미하다 ㉤ represent, symbolize

stand (서다) + for (…을 대신해서) → …을 대신해 서다 → …을 상징하다

[14] A dove stands for peace.

substitute for

…을 대신하다, 대리하다

substitute (대신하다) + for (…을 대신해서) → …을 대신하다

[15] I need someone to substitute for me at the meeting.

---

[12] 그 변호사들은 피고를 대리한다. [13] 우리는 그룹 전체를 대변할 사람 한 명을 선출해야 한다. [14] 비둘기는 평화를 상징한다. [15] 그 회의에서 나를 대신할 사람이 필요하다.

★ D a i l y T e s t ★

A 문맥상 밑줄 친 부분과 바꾸어 쓸 수 있는 단어를 골라 알맞은 형태로 쓰시오.

> attack   represent

1 I was surprised when the dog suddenly <u>went for</u> me. _____
2 The second 'F' in FIFA <u>stands for</u> football. _____

B 빈칸에 들어갈 알맞은 단어를 고르시오.

1 I _____ for a company that sells a variety of organic products.

① go   ② pass   ③ take   ④ work

2 The substitute teacher will _____ for me while I'm on vacation.

① act   ② go   ③ leave   ④ make

3 Children's toy guns now look so realistic that they can often _____ for the real thing.

① stand   ② work   ③ pass   ④ be

C 밑줄 친 부분의 의미로 가장 알맞은 것을 고르시오.

1 The recipe says olive oil can <u>substitute for</u> butter.

① be much better than   ② make good use of   ③ take the place of

2 The sun is so hot today. Let's <u>make for</u> the shade.

① move toward   ② enjoy to the full   ③ keep away from

D 우리말 해석을 참고하여 빈칸에 들어갈 단어를 알맞은 형태로 쓰시오.

1 When I saw her, I _____ her for your girlfriend.
(그녀를 봤을 때, 나는 그녀가 네 여자친구인 줄 알았다.)

2 I will not vote for him because he doesn't _____ for me.
(그는 나를 대변하고 있지 않으므로 나는 그에게 투표하지 않을 것이다.)

of

《분리 · 제거》 (…에서) 떨어져, 떼어져

Let me relieve you **of** that suitcase.

《기원 · 출처 · 원인》 …으로부터, …의 결과로

Her father died **of** cancer.

《재료 · 구성요소》 …으로

That house is built **of** brick.

《관계 · 관련》 …에 관해

She reminds me **of** her mother.

with

《관계》 …와, …와 함께

Those shoes do not go **with** that suit.

《대상》 …에(게), …을

He pleaded **with** her not to leave him.

《이유 · 원인》 …으로 인해

She was charged **with** reckless driving.

as

《자격 · 기능》 …으로(서)

She regards him **as** a trusted friend.

DAY 38 동사 + of (1)

《분리 · 제거》 (…에서) 떨어져, 떼어져

cheat of

(물건을) 속여 빼앗다

cheat (속여 빼앗다) + of (떨어져, 떼어져) → …을 속여 ~을 빼앗다

¹ They cheated the elderly woman of all her money.

clear of

…을 제거하다

clear (제거하다, 치우다) + of (떨어져, 떼어져) → …을 제거하다

² Will you help me clear the garden of these stones?

deprive of

(물건 · 권리 등을) 빼앗다

deprive (빼앗다) + of (떨어져, 떼어져) → …에게서 ~을 빼앗다

³ You can't deprive me of my rights.

relieve of

(짐 · 부담 · 책임 등을) 없애다, 덜어주다

relieve (경감하다, 덜다) + of (떨어져, 떼어져) → …에게서 ~을 덜어주다

⁴ Let me relieve you of that suitcase.

rid of

(장애물 등을) 없애다, 제거하다

rid (없애다, 제거하다) + of (떨어져, 떼어져) → …에게서 ~을 없애다

⁵ You must rid yourself of these old-fashioned ideas.

rob of

(물건 · 권리 등을) 빼앗다, 강탈하다

rob (강탈하다) + of (떨어져, 떼어져) → …에게서 ~을 빼앗다

⁶ She was robbed of her purse.

¹ 그들은 그 노부인을 속여 돈을 모두 빼앗았다. ² 정원에서 이 돌들을 치우는 것을 도와주시겠습니까? ³ 네가 내 권리를 빼앗을 수는 없다. ⁴ 제가 그 여행 가방을 들어 드리지요. ⁵ 너의 이러한 낡은 생각들을 버려야 한다. ⁶ 그녀는 지갑을 강탈당했다.

ask of

부탁하다, 요구하다

ask (부탁하다) + of (···으로부터) → ···으로부터 ~을 부탁하다

7 May I ask a favor of you?

---

come of

···의 결과로 일어나다, ···에 유래하다

come ([일이] 일어나다) + of (···의 결과로) → ···의 결과로 일어나다

8 Your illness comes of getting too much stress.

---

die of

(병 · 굶주림 · 노령 등으로) 죽다

die (죽다) + of (···의 결과로) → ···의 결과로 죽다

9 Her father died of cancer.

---

expect of

기대하다

expect (기대하다) + of (···으로부터) → ···으로부터 ~을 기대하다

10 Don't expect too much of your children.

---

7 당신에게 부탁 하나만 해도 될까요? 8 네 병은 스트레스 과잉의 결과이다. 9 그녀의 아버지는 암으로 죽었다. 10 자식들에게 지나치게 기대를 걸지 마시오.

be made (up) of

…으로 이루어져 있다
be made (만들어지다) + of (…으로) → …으로 만들어지다, 구성되다

[11] Clouds are made of water.

---

build of

…으로 세우다, 짓다
build (짓다) + of (…으로) → …으로 짓다

[12] That house is built of brick.

---

consist of

…으로 이루어지다, 구성되다 ㈜ comprise, be made (up) of
consist (이루어져 있다) + of (…으로) → …으로 이루어져 있다

[13] The committee consists of five members.

---

[11] 구름은 물로 이루어져 있다. [12] 저 집은 벽돌로 지어졌다. [13] 그 위원회는 다섯 명의 회원들로 구성되어 있다.

★ Daily Test ★

A 빈칸에 들어갈 알맞은 단어를 고르시오.

1 The soldier was _____ of his duties following his mistake.

① cheated ② robbed ③ expected ④ relieved

2 Her latest album _____ of four dance songs and three ballads.

① clears ② consists ③ rids ④ expects

3 He was _____ of his citizenship by order of the government.

① asked ② died ③ deprived ④ relieved

4 They were _____ of money and valuables last night.

① made ② built ③ consisted ④ robbed

B 밑줄 친 부분의 의미로 가장 알맞은 것을 고르시오.

> Parliament is made up of members from all political parties.

① is decided by ② makes free use of
③ takes care of ④ is formed of

C 우리말 해석을 참고하여 빈칸에 들어갈 단어를 알맞은 형태로 쓰시오.

1 What kind of behavior do you _____ of your employees?
(당신은 직원들로부터 어떤 품행을 기대하십니까?)

2 The number of women _____ of breast cancer is increasing.
(유방암으로 사망하는 여성의 수가 증가하고 있다.)

3 Something that is _____ of this kind of wood won't last long.
(이런 종류의 나무로 지어진 것은 오래 가지 않을 것이다.)

4 They found she _____ them of their inheritance.
(그들은 그녀가 그들을 속여 유산을 빼앗은 것을 알았다.)

DAY 39 동사 + of (2)

((관계 · 관련)) …에 관해

accuse of

고소하다; 비난하다

accuse (고소하다; 비난하다) + of (…에 관해) → …에 대해 고소하다; 비난하다

¹ He accused me of cheating.

approve of

…을 승인하다, 찬성하다

approve (찬성하다) + of (…에 관해) → …을 찬성하다

² My mother didn't approve of our marriage.

be tired of

…에 싫증 나다

be tired (싫증 나다, 지겹다) + of (…에 관해) → …에 싫증 나다

³ I'm tired of hearing that song.

become of

(어떤 일이) …에게 생기다, 일어나다   ㉠ happen to

become (일어나다, 생기다) + of (…에 관해) → …에 관해 (어떤 일이) 일어나다

⁴ I don't know what will become of him.

complain of

1. …에 대해 불평하다

complain (불평하다) + of (…에 관해) → …에 대해 불평하다

2. (고통 · 병의 상태를) 호소하다

complain (호소하다) + of (…에 관해) → …을 호소하다

⁵ The hotel guests complained of the air conditioners.
⁶ Jane is complaining of a headache.
   Partners   2. complain of pain / a toothache / hunger

---

¹ 그는 나를 사기 혐의로 고소했다. ² 어머니는 우리의 결혼을 승낙하지 않았다. ³ 나는 저 노래를 듣는 것에 싫증이 난다. ⁴ 그에게 무슨 일이
일어날지 나는 모른다. ⁵ 호텔 투숙객들은 에어컨에 대해 불평했다. ⁶ Jane은 두통을 호소하고 있다.

convince of

...을 납득시키다, 확신시키다

convince (납득시키다) + of (...에 관해) → ...을 납득시키다, 확신시키다

7 She convinced me of her honesty.

dream of

...을 꿈꾸다, ...을 바라다

dream (꿈꾸다) + of (...에 관해) → ...에 관해 꿈꾸다

8 I used to dream of being a movie star.

hear of

(...에 대해) 전해 듣다

hear (듣다) + of (...에 관해) → ...에 관해 듣다

9 Have you ever heard of him?

inform of

...을 알리다, 통지하다

inform (알리다) + of (...에 관해) → ...에 관해 알리다

10 He informed me of his decision.

know of

...에 대해 (들어서) 알다

know (알다) + of (...에 관해) → ...에 관해 알다

11 I know of her cousin, but I've never met him.

remind of

...을 생각나게 하다

remind (생각나게 하다) + of (...에 관해) → ...에 관해 생각나게 하다

12 She reminds me of her mother.

suspect of

1. ...에 대해 의심하다
2. ...의 혐의를 두다

suspect (의심하다; 혐의를 두다) + of (...에 관해) → ...에 관해 의심하다; 혐의를 두다

13 She suspected her son of telling a lie.
14 The man is suspected of several crimes.

---

7 그녀는 자기가 정직하다는 것을 내게 납득시켰다. 8 나는 영화배우가 되기를 꿈꿨다. 9 그의 소식을 들었습니까? 10 그는 그의 결정을 내게 알려주었다. 11 그녀의 사촌에 대해서는 들어서 알지만, 그를 만나본 적은 없다. 12 그녀를 보면 그녀의 어머니가 생각난다. 13 그녀는 아들이 거짓말을 하고 있다고 의심했다. 14 그 남자는 몇 가지 범죄 혐의를 받고 있다.

talk of

…에 대해 말하다; …할 생각이라고 말하다

talk (말하다) + of (…에 관해) → …에 관해 말하다

15 He talked of selling the farm.

---

think of

…을 생각하다

think (생각하다) + of (…에 관해) → …에 관해 생각하다

16 I try to think of nice things every time I feel unhappy.

---

15 그는 농장을 팔 생각이라고 말했다. 16 기분이 안 좋을 때마다 나는 좋은 것들을 생각하려고 노력한다.

★ Daily Test ★

A 밑줄 친 부분의 의미로 가장 알맞은 것을 고르시오.

1 The police <u>were informed of</u> her whereabouts.

① were curious about   ② had no idea of   ③ were told about

2 Many parents don't <u>approve of</u> their children's lifestyles.

① agree with   ② provide financial help to ③ miss a lot

B 빈칸에 들어갈 알맞은 단어를 고르시오.

1 If she is sent to prison, what will _____ of her children?

① talk   ② become   ③ know   ④ accuse

2 Foreign tourists _____ of delays when trying to enter the country.

① remind   ② dream   ③ complain   ④ suspect

3 I am _____ of hearing stories about his travels.

① suspected   ② accused   ③ convinced   ④ tired

C 우리말 해석을 참고하여 빈칸에 들어갈 단어를 알맞은 형태로 쓰시오.

1 This song _____ me of a city I used to live in.
(이 노래는 내가 예전에 살던 도시를 떠올리게 한다.)

2 The man is _____ of robbing several banks.
(그 남자는 은행 몇 곳을 턴 혐의를 받고 있다.)

3 I _____ of watching the World Cup finals at a stadium.
(나는 경기장에서 월드컵 결승전을 보는 것을 꿈꾼다.)

4 The scientist was _____ of lying about his results.
(그 과학자는 그의 연구 결과물에 대해 거짓말을 한 것으로 고소되었다.)

5 The company tried to _____ us of the positive effects of this drug.
(그 회사는 우리에게 이 약의 긍정적인 효과에 대해 납득시키려 하였다.)

DAY 40 동사 + with / as

with   ((관계)) …와, …와 함께

agree with

1. …와 의견이 일치하다
2. …와 일치하다, 부합하다
3. (음식 · 기후 · 일 등이) 성미[체질]에 맞다

agree (일치하다) + with (…와) → …와 일치하다, 부합하다

[1] I agree with you about that.
[2] Her account of the meeting agrees with the facts.
[3] This food does not agree with me.

come with

1. …와 함께 나오다, 제공되다
2. …의 결과이다

come (오다) + with (…와 함께) → …와 함께 나오다; …의 결과이다

[4] The chicken comes with rice and broccoli.
[5] Perfection comes with years of practice.

go with

…와 조화되다, 어울리다 ⊕ match
go (어울리다) + with (…와) → …와 어울리다

[6] Those shoes do not go with that suit.

meet with

1. 정식으로 회담하다
2. (어려움 · 악천후 등과) 마주치다 ⊕ encounter
meet (만나다) + with (…와) → …와 만나다

[7] The mayor met with the president a few days later.
[8] I met with some difficulties when I tried to enter the country.

---

[1] 그것에 관해 나는 너와 같은 의견이야. [2] 회의에서의 그녀의 진술은 사실과 일치한다. [3] 이 음식은 나와 맞지 않는다. [4] 그 닭 요리는 밥과 브로콜리와 함께 제공된다. [5] 완벽함은 수년간 연습의 결과이다. [6] 그 신발은 그 정장에 어울리지 않는다. [7] 시장은 며칠 후에 대통령과 회담했다. [8] 나는 그 나라에 입국하려 했을 때 몇몇 어려움에 부딪혔다.

((대상)) …에(게), …을

cope with

(문제 · 일 등에 잘) 대처하다

cope (대처하다) + with (…을, …에) → …에 대처하다

⁹ We cannot cope with the present difficulties.

deal with

1. 다루다, 처리하다 ⓨ treat

deal (다루다, 취급하다) + with (…을) → …을 다루다

2. 거래하다

deal (거래하다) + with (…와) → …와 거래하다

¹⁰ Children are hard to deal with.
¹¹ We have dealt with this company for 20 years.

dispense with

없애다; 생략하다

dispense (면제하다) + with (…을) → …을 면제하다 → 없애다; 생략하다

¹² Laser eye surgery can dispense with the need for glasses.
¹³ I think we can dispense with the introductions and get straight to the main point.

plead with

…에게 간청하다

plead (간청하다, 탄원하다) + with (…에게) → …에게 간청하다

¹⁴ He pleaded with her not to leave him.

rest with

(결정 등이) …에 달려있다

rest (…에 있다, 달려있다) + with (…에) → (결정 등이) …에 달려있다

¹⁵ The final decision rests with the principal.

((이유 · 원인)) …으로 인해; ((분리)) …와, …으로부터

break with

(친구 · 가족 등과) 헤어지다, 절교하다

break (깨지다, 부서지다) + with (…와, …으로부터) → …와 헤어지다

¹⁶ He broke with his partners and started his own business.

---

⁹ 우리는 현재의 어려움에 대처할 수 없다. ¹⁰ 아이들은 다루기가 힘들다. ¹¹ 우리는 이 회사와 20년 동안 거래해왔다. ¹² 레이저 시력 교정 수술로 안경을 쓸 필요가 없어졌다. ¹³ 서론은 생략하고 본론으로 들어가도 될 것 같습니다. ¹⁴ 그는 그녀에게 자기를 떠나지 말아 달라고 애원했다. ¹⁵ 최종 결정은 교장에게 달려있다. ¹⁶ 그는 동업자와 헤어지고 자기 사업을 시작했다.

charge with

1. …에 대해 비난하다; 고발하다

charge (비난하다; 고발하다) + with (…으로 인해) → …에 대해 비난하다; 고발하다

2. (의무 · 책임 따위를) 지우다

charge (맡기다) + with (…을) → (의무를) 지우다

[17] She was charged with reckless driving.

[18] He charged me with the most important task.

do without

… 없이 지내다, 견디다 ⓤ go without

do ([활동 · 일을] 하다) + without (… 없이) → … 없이 해나가다

[19] I can't do without coffee.

as 《(자격 · 기능)》 …으로(서)

regard as

…으로 여기다, 간주하다

regard (생각하다, 여기다) + as (…으로) → …으로 여기다, 간주하다

[20] She regards him as a trusted friend.

serve as

1. …의 역할을 하다, …으로 쓰이다

serve ([특정 용도 · 목적으로] 쓰이다) + as (…으로서) → …으로서 쓰이다

2. …으로서 복무하다; 근무하다

serve ([나라 · 기관 등을 위해] 복무하다; [일정 기간] 근무하다) + as(…으로서) → …으로서 복무하다; 근무하다

[21] The abandoned building now serves as a storage center.

[22] She served as a captain in the army.

view as

…으로 여기다, 간주하다 ⓤ regard as

view (여기다, 보다, 생각하다) + as(…으로) → …으로 여기다

[23] My parents view games as a waste of time.

---

[17] 그녀는 난폭 운전을 한 것에 대해 비난받았다. [18] 그는 나에게 가장 중요한 일을 맡겼다. [19] 나는 커피가 없으면 견딜 수 없다. [20] 그녀는 그를 믿을 만한 친구라고 여긴다. [21] 그 버려진 건물은 현재 창고로 쓰이고 있다. [22] 그녀는 군대에서 대위로 복무했다. [23] 우리 부모님은 게임을 시간 낭비라고 여긴다.

★ Daily Test ★

A 문맥상 밑줄 친 부분과 바꾸어 쓸 수 있는 단어를 골라 알맞은 형태로 쓰시오.

match	treat	encounter

1 She <u>met with</u> an unfortunate accident yesterday. _____
2 Do you think this dress <u>goes with</u> my hair? _____
3 She's used to <u>dealing with</u> crying babies. _____

B 빈칸에 들어갈 알맞은 단어를 고르시오.

1 Today we have fresh lobster. Mashed potatoes _____ with it.

   ① cope   ② come   ③ rest   ④ dispense

2 I _____ with him to change his mind.

   ① dealt   ② regarded   ③ dispensed   ④ pleaded

C 빈칸에 공통으로 들어갈 단어를 쓰시오.

1 • I have been _____ with keeping the secret safe.

   • The police _____ her with attempted murder.

2 • Brad and Annie argue a lot and never _____ with each other.

   • I don't like spicy food; it does not _____ with me.

D 우리말 해석을 참고하여 빈칸에 들어갈 단어를 알맞은 형태로 쓰시오.

1 The deciding vote _____ with the president of the club.
   (결정 표는 동아리의 회장에게 달려있다.)

2 She now _____ as an ambassador to Austria.
   (그녀는 지금 주오스트리아 대사로 근무한다.)

3 If you were stuck on an island, what could you not _____ without?
   (섬에 갇히게 된다면, 당신은 무엇 없이는 지낼 수 없겠습니까?)

* Part *

02

수능 만점을 위한 필수 숙어

DAY 41-50

DAY 41

혼동하기 쉬운 숙어 (1)

agree to
동의하다

agree with
동의하다; 일치하다; (일 · 음식 · 기후 등이) 기호에 맞다
→ agree to와 agree with 둘 다 '동의하다'는 뜻으로 쓰이지만 to 다음에는 목적어로 a plan, a proposal 등이 오고 with 다음에는 목적어로 사람이 오는 경우가 많다.

anything but
결코 …은 아니다; … 이외는 무엇이든지; … 이외에는 아무것도 (~않다)

nothing but
단지 …뿐이다, …에 지나지 않다
→ '…에 지나지 않다'라는 뜻의 nothing but은 nothing else than으로도 쓴다.

attend (at)
참석하다; (학교 등에) 다니다

attend to
처리하다; 돌보다, 응대하다; 유의하다, 주의하다
→ '참석하다'란 뜻으로 attend at보다 attend가 더 일반적으로 쓰인다. attend classes [school, a concert, a funeral, a lecture]

be made of
…으로 만들어지다

be made from
…으로 만들어지다
→ 원료, 재료의 상태 및 형태를 변화시키지 않고 무엇을 만드는 경우에는 of나 out of를 쓰고 원료, 재료의 상태 및 형태가 변화하는 경우는 from을 쓴다. 상태 및 형태의 변화가 불분명할 때는 from을 쓰는 것이 보통이다.

care about
걱정하다, 마음 쓰다

care for
돌보다; 좋아하다, 바라다

catch up with
따라잡다, (뒤처진 것을) 만회하다

keep up with
(빠르기 · 시대의 추세 등에) 뒤지지 않다
→ catch (쫓아가서 잡다) + up (나란히, 맞먹어) + with (…와) → 쫓아가서 …와 나란한 상태가 되다
keep (상태를 유지하다) + up (나란히, 맞먹어) + with (…와) → …와 나란한 상태를 유지하다

Check-Up

| 1 | 그들은 그의 제안에 동의했다. | They agreed _____ his proposal. |

| 2 | 그 일에 관해서는 네게 찬성할 수 없다. | I don't agree _____ you on the matter. |

| 3 | 네 이야기는 약간의 세부사항만 제외하고는 그의 이야기와 모두 일치한다. | Your story agrees _____ his in everything except the small details. |

| 4 | 그는 도무지 시인이라고 할 수 없다. | He is _____ but a poet. |

| 5 | 그녀는 요청받은 일 이외에는 아무것도 하지 않는다. | She never does _____ but what she is asked. |

| 6 | 안개 외에는 아무것도 보이지 않았다. | We could see _____ but fog. |

| 7 | 나는 그 회의에 참석할 것이다. | I'll _____ the meeting. |

| 8 | 그들은 국가의 이익에 주의를 기울인다. | They _____ _____ national interests. |

| 9 | 그 간호사들은 밤낮으로 그 환자들을 간호했다. | The nurses _____ _____ the sick day and night. |

| 10 | 저 커튼은 비단으로 만들어진다. | Those curtains _____ _____ _____ silk. |

| 11 | 포도주는 포도로 만들어진다. | Wine _____ _____ _____ grapes. |

| 12 | 나는 그녀의 안전이 염려된다. | I _____ _____ her safety. |

| 13 | 나는 남동생을 돌본 간호사에게 감사를 전했다. | I thanked the nurse who _____ _____ my brother. |

| 14 | 서두르면 너는 그녀를 따라잡을 수 있을 것이다. | If you hurry, you will _____ _____ _____ her. |

| 15 | 국제 정세가 급변하기 때문에 그것에 뒤지지 않기란 쉬운 일이 아니다. | It's not easy to _____ _____ _____ the international situation because it changes so quickly. |

compare A with B　A를 B와 비교하다

compare A to B　A를 B에 비유하다

→ 둘을 구체적으로 비교해서 '견주어볼' 경우에는 with를, 추상적 또는 비유적으로 비교해서 '비유할' 경우에는 to를 사용한다. 그러나 최근에는 '견주어볼' 때에도 to를 쓸 때가 적지 않다.

---

be anxious about　…을 염려하다

be anxious for [to do]　…을 갈망하다; …을 매우 하고 싶어 하다

→ be eager for[to do]도 '갈망하다; 몹시 …하고 싶어 하다'란 뜻이다.

---

be familiar with　〈사람이〉 (사물에) 정통하다, 잘 알고 있다

be familiar to　〈사물이〉 (사람에게) 잘 알려져 있다

---

be sure of　…을 확신하다

be sure to do　반드시 …하다

---

be concerned about[for]　…에 대해 염려하다

be concerned with　…와 관계가 있다

→ be worried about도 '…대해 걱정하고 있다'란 뜻이다.

---

consist of　(부분·요소로) 이루어져 있다

consist in　(주요 특징이) …에 존재하다, 있다

consist with　…과 일치하다, 조화하다

→ consist = con (함께) + sist (서다) = 함께 서다 → 양립하다; …으로 이루어지다

★ Check-Up ★

| 16 | 우리는 그 번역을 원문과 비교했다. | We _____ the translation _____ the original. |

| 17 | 인생은 항해에 비유된다. | Life is _____ _____ a voyage. |

| 18 | 그는 몸이 약해서 항상 자신의 건강에 대해 염려 한다. | As he is weak, he is always _____ _____ his health. |

| 19 | 온 국민이 통일을 갈망한다. | The whole nation is _____ _____ unification. |

| 20 | 그녀는 매우 승진하고 싶어 한다. | She is _____ _____ get a promotion. |

| 21 | 그는 중국 역사에 관해서 정통하다. | He is _____ _____ Chinese history. |

| 22 | 오늘 저녁 연사가 말한 것은 우리가 잘 알고 있는 사항이었다. | What the speaker told us tonight was _____ _____ us. |

| 23 | 나는 그녀의 재능을 확신한다. | I am _____ _____ her talent. |

| 24 | 걱정하지 마라. 그는 반드시 이긴다. | Don't worry. He is _____ _____ win. |

| 25 | 그녀는 부모의 건강을 염려하고 있다. | She is _____ _____ her parents' health. |

| 26 | 나는 그것과 관계가 없다. | I am not _____ _____ it. |

| 27 | 뉴욕시는 다섯 개의 행정구로 구성되어 있다. | The city of New York _____ _____ five boroughs. |

| 28 | 그 도시의 아름다움은 건물들의 독특한 양식에 있다. | The beauty of the city _____ _____ the unique style of its buildings. |

| 29 | 그 증언은 알려진 모든 사실과 일치했다. | The testimony _____ _____ all the known facts. |

at a time	한 번에, 동시에, 한꺼번에
at times	때때로, 이따금

deal in	(상품 등을) 취급하다; …에 관심을 갖다
deal with	(문제 · 사람 · 상황 등을) 다루다, 처리하다, 대처하다; 거래하다

die of	…으로 죽다
die from	…으로 죽다

→ 죽음의 원인이 병, 기아, 노령 따위의 경우는 of를, 쇠약, 상처, 부주의(과식 등)의 경우는 from을 쓰는데 from을 써야 할 경우에 of를 쓰는 일도 많다.

for a moment	잠깐 사이[동안]
for the moment	(지금) 당장은, 우선은; 당분간

→ at the moment 지금, 지금으로서는

hear of	…에 대해 듣다, 알게 되다
hear about	…에 대해 듣다, 알게 되다
hear from	(특히 편지로) 소식을 듣다

→ hear of나 hear about은 직접 당사자로부터가 아니라 간접적으로 제삼자에게서 듣는다는 뜻으로, about은 of보다도 좀 더 구체적인 정보를 듣는다는 느낌이 있다. hear from은 특히 서신이나 전화 또는 이메일을 통하여 소식을 듣는 경우에 사용된다.

be known as	…으로(써) 알려져 있다
be known for	…으로 알려져 있다, (… 때문에) 유명하다

break out	발생하다, 발발하다
break down	고장 나다

Check-Up

30	한 번에 너무 많은 질문을 하지 마라.	Don't ask too many questions _____ _____ _____.
31	때때로 나는 그를 거의 이해하지 못한다.	_____ _____ I hardly understand him.
32	이 헌책방에서는 희귀 서적을 취급한다.	This secondhand bookshop _____ _____ rare books.
33	현재 상황을 어떻게 하면 처리할 수 있겠는가?	How can we _____ _____ the present situation?
34	토끼들이 굶주림으로 죽었다.	The rabbits _____ _____ starvation.
35	그는 탄환의 상처로 죽었다.	He _____ _____ bullet wounds.
36	여기서 잠시만 기다려 주십시오.	Please wait here _____ _____ _____.
37	나는 지금 당장은 아무 할 일이 없다.	I have nothing to do _____ _____ _____.
38	우리 제품에 대해 어떻게 들으셨습니까?	How did you _____ _____ our product?
39	종종 당신의 소식을 전해주십시오.	I'd like to _____ _____ you once in a while.
40	그녀는 훌륭한 작가로 알려져 있다.	She _____ _____ _____ a great writer.
41	이 도시는 다양한 해산물로 유명하다.	This city _____ _____ _____ a variety of seafood.
42	그 학교는 전쟁이 발발했을 때 폐쇄되었다.	The school was shut down when the war _____ _____.
43	그의 차는 고속도로 한가운데서 고장이 났다.	His car _____ _____ in the middle of highway.

혼동하기 쉬운 숙어 (2)

in time	(여유를 가지고) 일찍, 늦지 않게; 장차, 앞으로
on time	(시간을 어기지 않고) 정각에
	→ in no time 즉시, 당장
interfere with	손상하다; 방해하다
interfere in	간섭하다, 참견하다; 조정하다, 중재하다
	→ interfere = inter (사이) + fere (치다 = strike) → 사이에 들어가서 치다 → 간섭하다
of one's own	자기가 소유하는, 자기 자신의
on one's own	혼자 힘으로, 자기 스스로, 자기 혼자서
	→ by oneself 1) 자기 혼자서 (㊌ alone) 2) 혼자 힘으로 (㊌ unaided)
at hand	손이 닿는 곳에, 가까이에; 언제든지 쓸 수 있게
on hand	수중에 가지고 있어; (사람 등이) 대기하여; 출석하여 ㊌ present
	→ on the other hand 또 한편으로는, 반면에
keep[bear] ... in mind	…을 명심하다, 마음에 새겨두고 있다
have ... in mind	…을 생각하고[계획하고] 있다
have ... on one's mind	…이 마음에 걸려 있다; …의 일을 생각하고 있다
	→ in은 '(마음의) 내부'를 가리키고 on은 '접촉'을 나타내므로 마음에 붙어서 떨어지지 않는 골똘한 생각이나 고민을 암시한다.
be in control (of)	…을 관리[지배]하다
be under control (of)	…의 관리[지배]하에 있다
	→ be in control (of)는 주어가 지배하는 것이고 be under control (of)는 주어가 지배하에 있는 것이므로 혼동하지 않도록 한다.

★ Check-Up ★

1	좋은 좌석을 잡기 위해서 우리는 반드시 일찍 도착해야 한다.	We must make sure we arrive _____ _____ to get good seats.
2	여기 기차들은 항상 정시에 운행됩니까?	Do the trains ever run _____ _____ here?
3	우리의 주말 계획에는 어떠한 방해도 있어서는 안 된다.	Nothing must be allowed to _____ _____ our plans for the weekend.
4	너에게 상관이 없는 일에는 간섭하지 마라.	Don't _____ _____ matters that don't concern you.
5	그녀는 딸이 두 명 있다.	She has two daughters _____ her own.
6	나 혼자 힘으로는 그것을 옮길 수 없다. 그것은 너무 무겁다.	I can't carry it _____ my own. It's too heavy.
7	그는 무엇을 쓸 때 항상 사전을 가까이 둡니다.	When he writes, he always keeps a dictionary _____ _____.
8	우리 직원이 당신을 도와 드리기 위해 대기하고 있을 것입니다.	Our staff will be _____ _____ to help you.
9	너는 11시까지는 집에 도착해야 한다. 잊지 않도록 해라.	You have to be home by 11 o'clock. _____ that _____ _____.
10	무엇을 생각하고 계십니까?	What do you _____ _____ _____?
11	나는 이걸 몇 주 동안이나 생각을 하고 있었단다.	I've had this _____ _____ _____ for weeks.
12	그는 우리 프로젝트를 관리하고 있다.	He is _____ _____ _____ our project.
13	어린이는 부모가 통제해야 한다.	Children should be _____ their parents' _____.

succeed in	(목적을) 이루다; 성공하다
succeed to	상속하다, 계승하다
	→ success 성공 / succession 연속
	successful 성공적인 / successive 연속하는

used to do	옛날에는 …하곤 했다; …이었다
be[get] used to	…에 익숙하다[익숙해지다]
	→ used to do는 현재와 대비된 과거의 습관이나 상태를 나타내어, 그 습관이나 상태가 지금은 존재하지 않음을 나타낸다.

out of mind	잊혀진
out of one's mind	제정신이 아닌, 미친
	→ out of mind의 mind는 '기억(력)'을, out of one's mind의 mind는 '건전한 정신 상태, 바른 정신'을 의미한다.

provide for	대비하다; 부양하다; (법이) 규정하다
provide A with B	A에게 B를 공급하다 Ⓢsupply
	→ 나쁜 사태에 대비하는 경우에는 provide against를 쓴다.

result in	(결과가) 되다, …으로 끝나다, 초래하다 Ⓢcause
result from	(결과로서) 생기다, …으로부터[때문에] 발생하다 Ⓢarise from
	→ in은 '방법, 형식'을 나타내고 from은 '출처'를 나타낸다.

only a few	소수의, 몇 안 되는 Ⓢnot many
quite a few	꽤 많은, 상당수의 Ⓢa good many

subject to	《부사적》 …을 조건[전제]으로 하여
be subject to	…하기 쉽다, (승인 따위를) 받아야 하다
	→ '…의 지배하에 있는, …에 복종하는'이라는 subject의 기본적인 뜻을 생각하면 이 두 가지 숙어도 쉽게 이해할 수 있다.

★ Check-Up ★

14	그는 그럭저럭 그 문제를 해결하는 데 성공했다.	He somehow _____ _____ solving the problem.
15	조지 6세가 죽자 엘리자베스 2세가 왕위를 계승하였다.	After George VI's death, Elizabeth II _____ _____ the throne.
16	그녀는 매일 아침 조깅하러 가곤 했다.	She _____ _____ go jogging every morning.
17	옛날에는 그 모퉁이에 파출소가 있었다.	There _____ _____ be a police station on the corner.
18	나는 매일 요리해서 그것에 익숙하다.	I cook every day, so I'm _____ _____ it.
19	보이지 않으면 잊혀지기 마련이다.	Out of sight, _____ _____ _____ .
20	그녀가 그 남자와 결혼을 하다니 그녀가 제정신이 아니라고 친구들은 생각했다.	Her friends thought she was _____ _____ _____ _____ to marry that man.
21	그는 부양가족으로 아내와 다섯 명의 자식이 있다.	He has a wife and five children to _____ _____ .
22	그는 딸에게 훌륭한 교육을 받게 했다.	He _____ his daughter _____ a good education.
23	그 사고로 승객 두 명이 사망했다.	The accident _____ _____ the death of two passengers.
24	그 사고는 부주의로 인해 발생했다.	The accident _____ _____ negligence.
25	몇 안 되는 사람들만이 파티에 왔다.	_____ _____ _____ people came to the party.
26	상당수의 학생이 그 시험에 떨어졌다니 유감이다.	It's a pity that _____ _____ _____ students have failed the exam.
27	네가 동의한다면 나는 즉시 그 일을 하겠다.	_____ _____ your agreement, I will do it at once.
28	안개가 끼었을 때는 기차들이 지연되기 쉽다.	The trains _____ _____ _____ delay when there is fog.

in charge of	…을 맡아서, …을 관리하고 있는
on charges of	…의 혐의로
	→ on a[the] charge of도 '…의 혐의로'란 뜻이다.

take[make] notes on	…을 필기하다, 기록하다
take note of	…에 주의[주목]하다; …을 알아채다 ⑨ notice
	→ take notes on의 notes는 '(간단한) 기록'이란 뜻이고, take note of의 note는 '주의, 주목'이란 뜻이다.

correspond to	…에 해당하다, …에 상당하다; …에 일치하다, 조화하다
correspond with	편지를 주고받다; …와 조화하다, 일치하다
	→ correspond = cor (함께) + respond (응답하다) → 서로 편지를 주고받다

by the way	그런데, 말이 났으니 말인데
in the way	방해가 되어
on the[one's] way	…으로 가는 도중에, …하는 도중에
make one's way	나아가다, 가다; 출세하다
	→ in a way 어떤 뜻에서는
	in the way of …의 점에서는
	out of the[one's] way 방해가 되지 않도록

wait for	기다리다
wait on	시중들다, 응대하다
	→ wait for의 for는 '획득, 기대'를 나타내고, wait on의 on은 '접촉'을 나타낸다. 즉, wait on은 '… 곁에 붙어서 기다리다'가 그 기본 의미이다.

bring about	야기하다, 초래하다
bring back	돌려주다, 반품하다; 상기시키다

★ Check-Up ★

29	그녀는 3학년 학급을 맡고 있다.	She is _____ _____ _____ the third year class.
30	그는 살인 혐의로 재판에 회부되었다.	He was brought to trial _____ _____ _____ murder.
31	그는 일어난 모든 일을 기록해 두었다.	He took _____ _____ all that occurred.
32	아무도 내가 나가는 것을 알아채지 못했다.	No one _____ _____ of my leaving.
33	'beautiful'에 해당하는 단어를 당신의 모국어에서 찾으시오.	Find a word in your own language which _____ _____ "beautiful."
34	그는 아버지의 죽음 이후로 그녀와의 편지 왕래를 끊었다.	He stopped _____ _____ her after the death of his father.
35	다른 이야기지만, 그녀가 호주로 가려고 한다는 말을 들었어?	_____ _____ way, have you heard that she is going to Australia?
36	비록 그는 우리를 돕고 있다고 생각했었지만 그는 단지 방해만 되었을 뿐이었다.	Although he thought he was helping us, he was only _____ _____ way.
37	나는 집에 가는 길에 우체국을 들렀다.	I dropped by the post office _____ _____ way home.
38	그는 정계에 진출한 후 1인자로 출세했다.	He _____ his _____ to the top after he entered the political world.
39	나는 한 시간 동안 버스를 기다렸다.	I _____ _____ a bus for an hour.
40	그가 저녁 식사 때 당신을 응대할 것이다.	He will _____ _____ you at dinner.
41	그의 단순한 아이디어는 큰 변화를 초래했다.	His simple idea has _____ _____ a huge change.
42	셔츠가 맞지 않으면, 가게로 다시 가져오세요.	If the shirt doesn't fit, _____ it _____ to the shop.

DAY 43

혼동하기 쉬운 숙어 (3)

for oneself / 자신을 위해서 ㊂ for one's own sake; 혼자 힘으로 ㊂ by one's own efforts

by oneself / 자기 혼자서 ㊂ alone; 혼자 힘으로 ㊂ without help

beside oneself / 제정신이 아닌, 이성을 잃고
→ by itself 단독으로 / of itself 저절로, 자연히

---

a number of / 꽤 많은 (several과 many의 중간)

the number of / …의 수
→ 'a number of + 복수명사'는 복수동사로 받고 the number of는 단수동사로 받는다.

---

up and down / 왔다 갔다; 위아래로

ups and downs / (인생의) 우여곡절, 발전과 쇠퇴
→ up and down에는 '기복이 있는, 변동이 많은'이란 뜻도 있다. up-and-down으로 표기하면 형용사가 된다.

---

be bound for / (기차 등이) …행이다

be bound to do / 반드시 …하다; …할 의무가 있다

---

be tired of / …에 싫증이 나다

be tired from / …으로 인해 육체적으로 피곤해지다
→ be tired of의 강조형으로 be sick and tired of(…에 매우 싫증이 나다)가 있다.

---

far from / …하기는커녕 오히려

apart from / …은 제쳐놓고, …은 별도로 하고

aside from / … 외에, …에서 벗어나

Check-Up

1	너는 그것을 혼자 힘으로 해야 한다.	You must do it _____ yourself.
2	그는 혼자 휴가 가는 것을 좋아한다.	He likes to go on holiday _____ himself.
3	그들은 기뻐서 어쩔 줄 몰랐다.	They were quite _____ _____ with joy.
4	많은 관광객이 그 도시를 찾는다.	_____ _____ of tourists visit the city.
5	자동차의 수가 증가했다.	_____ _____ of cars has increased.
6	우리는 임대할 가게를 찾아 그 번화가를 이리저리 돌아다녔다.	We walked _____ and _____ the main street to look for a store to rent.
7	우리는 인생의 여러 가지 우여곡절을 겪을 준비를 하고 있어야 한다.	We must be ready to go through _____ and _____ in our life.
8	그 배는 부산행이었다.	The ship was _____ _____ Busan.
9	너는 더 열심히 공부하지 않으면 틀림없이 실패한다.	You are _____ _____ fail unless you study harder.
10	나는 네 불평에 질렸다.	I am tired _____ your complaints.
11	그는 종일 걸어서 지쳐버렸다.	He was tired _____ walking all day.
12	화를 내기는커녕 그는 오히려 기뻐했다.	_____ _____ being angry, he was delighted.
13	아름다운 경치를 제쳐놓고서도, 설악산은 온천이 있다는 데 매력이 있다.	_____ _____ its scenic beauty, Mt. Seorak has an attraction in its hot springs.
14	이것 이외에도, 이 기계에는 많은 문제가 있다.	_____ _____ this, this machine has plenty of problems.

take place	일어나다, 개최되다
take the place of	…을 대신하다
	→ in place of … 대신에

one ... the other ~	하나는 …이고 다른 하나는 ~이다
for one thing ... **for another ~**	우선 첫째로 …이고 또 다음에는 ~이다
A is one thing, **and B is another**	A와 B는 전혀 별개의 일이다

may well	…하는 것도 당연하다
may as well	…하는 편이 낫다
might as well	…하는 편이 낫다
	→ may as well은 had better보다 완곡한 표현이다. might as well은 부드러운 명령의 의미로 '…해라, …하는 것이 좋겠다'라는 뜻도 있다. You **might as well** eat it. (그것을 먹어버려라.)

as it is	(그런데) 실은, 실정을 말한다면; 현재대로, 현재로서는
as it were	말하자면
	→ '현재대로, 현재로서는'이란 뜻의 as it is는 as it stands, as it now stands 등으로 바꿔쓸 수 있다. so to speak은 as it were보다 머뭇거리는 정도가 더 크다.

leave ... alone	…을 그대로 두다, 내버려 두다
leave ... behind	…을 뒤에 두고[남기고] 가다; …을 깜박 잊고 가다

★ Check-Up ★

15	그 사고는 다리 위에서 발생했으며 많은 승객이 다쳤다.	The accident _____ _____ on the bridge, and many passengers were injured.
16	장차 무엇이 전기를 대신할 것인지 궁금하다.	I wonder what will _____ _____ _____ of electricity in the future.
17	그녀에게는 두 아들이 있다. 한 사람은 의사이고 다른 한 사람은 화가이다.	She has two sons: _____ is a doctor, _____ _____ is a painter.
18	우선 첫째로 나는 돈이 없다. 또 다음에는 나이도 너무 많다.	For _____ thing, I don't have money; for _____, I am too old.
19	말하기와 행동하기는 전혀 별개의 일이다.	To speak is _____ thing, to do is quite _____.
20	그는 지원자 중 최연소이므로 그의 성공을 자랑스럽게 여기는 것도 당연하다.	He _____ _____ be proud of his success, as he is the youngest of all the candidates.
21	너는 지하철을 타는 편이 낫다.	You _____ _____ _____ take the subway.
22	너는 5시에 오는 편이 낫다.	You _____ just _____ _____ come at five.
23	나는 상황이 나아지기를 희망했었지만, 현재로서는 점점 악화되고 있다.	I hoped things would get better, but _____ _____ _____ they are getting worse.
24	인생이란 말하자면 양어깨에 무거운 짐을 지고 먼 길을 떠나는 것이다.	Life is, _____ _____ _____, going a long way with a heavy burden on our shoulders.
25	제발 나 좀 내버려 둬.	Please _____ me _____.
26	몇 시인지 가르쳐주시겠습니까? 제 시계를 깜박 잊고 두고 왔습니다.	Can you tell me the time? I've _____ my watch _____.

end in	(결국) …으로 끝나다, 결국 마지막에는 …이 되다
end with	(… 으로써) 종료하다, 끝나다
	→ end in은 '…와 같은 결과가 되다'란 뜻이며 end with는 끝마무리로 어떠한 수단을 사용할지를 나타내어 '…으로써 끝나다'라는 뜻이다.
remember doing	(…였다[했다]는 것을) 기억하고 있다
remember to do	잊지 않고 …하다
	→ remember는 '기억하다'라는 뜻으로 과거의 일이나 상태를 기억하고 있음을 나타낼 때는 doing이나 that절을, 아직 일어나지 않은 일을 기억하고 있음을 나타낼 때는 to do를 쓴다.
to the contrary	그와 반대로(의), 반대 결과로(의)
on the contrary	그와는 반대로, 이에 반하여, 그렇기는커녕
	→ the contrary는 '반대, 상반되는 사물 (성질)'이란 뜻이므로 to the contrary는 '상반되는 쪽으로, 상반되는 것에 속하는'이란 뜻이 된다. on the contrary는 앞의 진술에 상반되는 이야기를 하려고 할 때 사용한다.
tend to do	…하는 경향이 있다
intend to do	…할 생각이다, 계획이다
put ... first	…을 가장 중시하다, 우선시하다
put forth	발휘하다; 제시하다, 내다
set off	출발하다; 폭발시키다
set up	세우다, 설치하다

★ Check-Up ★

| 27 | 그 논쟁은 결국 싸움으로 끝났다. | The argument _____ _____ a fight. |

| 28 | 행사는 사진 촬영으로 끝나게 됩니다. | The event will _____ _____ a photo shoot. |

| 29 | 나는 떠나기 전에 문을 잠갔던 것을 기억한다. | I _____ _____ my door before I left. |

| 30 | 학교에 가는 길에 잊지 말고 그 편지를 부치도록 해라. | _____ _____ mail the letter on your way to school. |

| 31 | 네가 오지 말라고 하지 않는 한 월요일에 가겠다. | I will come on Monday unless you tell me _____ _____ contrary. |

| 32 | "자네가 새 직장을 마음에 들어 한다고 들었네." "그렇기는커녕, 흥미라고는 조금도 없어요." | "I heard you like your new job." — "_____ _____ contrary, it's terribly uninteresting." |

| 33 | 그녀는 긴장하면 빨리 말하는 경향이 있다. | She _____ _____ speak fast when she is nervous. |

| 34 | 나는 몇 년 동안 해외에서 공부할 생각이다. | I _____ _____ study abroad for years. |

| 35 | 그는 항상 자신의 아내를 가장 우선시한다. | He always _____ his wife _____. |

| 36 | 그녀는 새로운 전략을 제시했다. | She _____ _____ a new strategy. |

| 37 | 새해 전날, 그들은 공원으로 가 폭죽을 터뜨렸다. | On New Year's Eve, they went to the park and _____ _____ fireworks. |

| 38 | 유기견들을 위해 동물 보호소가 세워졌다. | Animal shelters have been _____ _____ for the abandoned dogs. |

DAY 44

뜻이 대조되는 숙어 (1)

at the latest (아무리) 늦어도

at the earliest (아무리) 빨라도 ㉮ at the soonest

at (the) least 최소한, 적어도

at (the) most 최대한, 많아야 ㉮ at the very most

at ease 마음 편히, 느긋하게

ill at ease 마음이 편하지 못한, 안절부절못하는

→ ease는 '(정신적으로) 편안함, 마음의 평온'이란 뜻의 명사로, ill at ease를 직역하면 '마음의 평온 상태(ease)에 있어서 좋지 못한(ill)'이란 뜻이 된다.

at (the) best 최상의 경우

at (the) worst 최악의 경우

be dependent on[upon] …에게 의존하다

be independent of …에 의존하지 않다, …의 영향을 받지 않다

be in high[great] spirits 기분이 좋다

be in low[poor/ bad] spirits 기분이 나쁘다

→ spirits 감정, 기분; 쾌활

keep up one's spirits 낙심하지 않고 있다, 기운차리다

★ Check-Up ★

1	너는 늦어도 저녁 10시에는 집으로 와야 한다.	You should be home by 10 p.m. at _____ _____.
2	저희는 그 샘플을 빨라야 2주 후에야 보낼 수 있습니다.	We can send you the sample in two weeks at _____ _____.
3	내가 그 목표를 달성하는 데 최소한 3개월은 걸릴 것이다.	It will take me _____ _____ three months to accomplish the goal.
4	그녀는 많아야 25살이다.	She is _____ _____ 25 years old.
5	나는 모든 시험이 끝나자 마음이 편했다.	I was _____ _____ after all the exams were over.
6	교장 선생님 앞에서 나는 마음이 불안했다.	I felt _____ _____ _____ in the presence of the principal.
7	최상의 경우 올해 회사는 커다란 손실을 볼 것이고, 최악의 경우에는 폐업해야 할 수도 있다.	_____ _____ the company will take a big loss this year; _____ _____ we may have to close down.
8	남에게 너무 의존하지 마라.	Don't be too _____ _____ others.
9	너는 부모에게 의존하지 말아야 한다.	You have to be _____ _____ your parents.
10	우리 부모님은 오늘 기분이 좋다.	My parents are in _____ spirits today.
11	그는 누나와 싸워서, 현재 기분이 나쁘다.	He had a fight with his sister, and now he is in _____ spirits.

be interested in	…에 관심이 있다
be indifferent to	…에 무관심하다

→ indifferent = in (= not: 부정) + different (다른) → 다른 의견이 없는 →
어떠해도 좋은 → 무관심한
disinterested 자기 이익을 도모할 의사가 전혀 없어서 공평하고 공정한
uninterested 전혀 관심이나 흥미가 없는

keep one's promise[word]	약속을 지키다
break one's promise[word]	약속을 어기다

by accident [chance]	우연히, 어쩌다가 ㉤ accidently
on purpose	고의로 ㉤ purposely, deliberately

check in	(호텔에서) 투숙 절차를 밟다; (공항에서) 탑승 절차를 밟다
check out	(호텔에서) 계산을 하고 나오다

→ check in은 '확인하고 들어가다', check out은 '확인하고 나가다'가 기본적인
뜻이다.

sell out	다 팔다
buy out	(권리 · 재산 등을) 몽땅 사다

→ 이때의 out은 '모두, 완전히'라는 뜻이다.

★ Check-Up ★

12	그의 관심사는 온통 영화에 쏠려 있다.	All he's _____ _____ is movies.
13	그녀는 그에게 전혀 관심이 없는데, 그는 그것을 모른다.	She is absolutely _____ _____ him, but he doesn't know it.
14	그는 가족의 반대에도 불구하고 결혼하겠다는 그의 약속을 지켰다.	He _____ _____ _____ to marry in spite of opposition from his family.
15	그 대통령은 대통령직에 다시 출마하지 않겠다던 약속을 어겼다.	The president _____ his promise not to run for the presidency again.
16	학교에서 집으로 오는 길에 나는 우연히 그녀를 만났다.	On my way home from school, I met her _____ _____.
17	그녀는 네 관심을 끌기 위해 일부러 여기에 그 책을 두고 갔다.	She has left the book here _____ _____ to draw your attention.
18	비행기가 떠나기 한 시간 전에 공항에 나와 탑승 절차를 밟아 주십시오.	Please _____ _____ at the airport an hour before your plane leaves.
19	나는 내일 그 호텔을 나올 예정이다.	I will _____ _____ of the hotel tomorrow.
20	죄송합니다만 표는 매진되었습니다. 더 이상 남은 것이 없습니다.	Sorry, the tickets are _____ _____. There are no more left.
21	그는 자사의 최대 경쟁사를 사들였다.	He _____ _____ his company's main rival.

move in	이사 오다
move out	이사 가다
	→ '뉴욕으로 이사 가다'처럼 목적지를 나타낼 때는 전치사 to를 써서 move to New York이라고 쓰면 된다.

vote for	찬성표를 던지다
vote against	반대표를 던지다
	→ vote down 투표로 …을 부결하다
	The suggestion was **voted down**. (그 제안은 부결되었다.)

on duty	근무시간 중인, 당번인
off duty	근무시간 외인, 비번인
	→ 이때의 duty는 '임무, 직무'란 뜻으로, on duty는 근무와 붙어(on) 있으니까 '당번인'이라는 의미가 되고, off duty는 근무와 떨어져(off) 있으니까 '비번인'이라는 의미가 되는 것이다.

count in	(사람을 어떤 계획이나 활동 등에) 끼워주다 ⓥ include
count out	(사람을 어떤 계획이나 활동 등에서) 제외하다 ⓥ exclude

in business	영업 중인
out of business	파산하여, 가게를 폐업하여; 실업하여
	→ on business는 '업무차, 볼일로'라는 뜻이다.

go for	지지하다, 찬성하다; 택하다
go against	저항하다, 반대하다; …에게 불리하다
	→ for는 '지지하는, 찬성하는'의 의미를 나타내고 against는 '반대하여, 맞서'의 의미를 나타낸다.

★ Check-Up ★

22	우리는 월요일에 이사 갔고 새 거주자는 화요일에 이사 왔다.	We _____ _____ on Monday, and the new tenants _____ _____ on Tuesday.
23	지난 선거에서 그녀에게 찬성표를 던졌니?	Did you _____ _____ her in the last election?
24	아니, 그녀에게 반대표를 던졌어.	No, I _____ _____ her.
25	그 야간 경비원은 저녁 8시부터 아침 6시까지 근무한다.	The night watchman is _____ _____ from 8 p.m. to 6 a.m.
26	선원들은 외국의 항구에서 비번일 때 관광하러 가는 것을 좋아한다.	Sailors like to go sightseeing, when they are _____ _____ in a foreign port.
27	플로리다를 여행할 계획이라면 그도 끼워주게.	If you're planning a trip to Florida, _____ him _____.
28	난 제외해줘. 난 진료 예약이 있어.	_____ me _____. I have a doctor's appointment.
29	나는 그들이 어떻게 이렇게 오랫동안 망하지 않고 영업을 해왔는지 모르겠다.	I don't know how they have stayed _____ _____ this long.
30	그 회사는 3개월 전에 파산했다.	The company went _____ _____ _____ three months ago.
31	직원들은 새 정책을 지지하지 않았다.	The employees didn't _____ _____ the new policy.
32	그가 부모님을 거역한 것은 놀라운 일이었다.	It was surprising for him to _____ _____ his parents.

뜻이 대조되는 숙어 (2)

in order
알맞은, 적절한; 정연하게; 만반의 준비가 갖추어져; 차례차례, 순서대로

out of order
고장이 나서; 난잡해져서, 어지럽혀져서; (규칙 등에) 어긋나는

---

to one's face
…의 앞에서; 노골적으로

behind one's back
…이 없는 데서, 은밀히; 남을 배반하여
→ behind one's back은 behind the back of a person의 형태로 쓰이기도 한다.

---

in public
공공연하게, 사람들 앞에서 ㉤ publicly

in private
비공식으로, 은밀히 ㉤ privately, secretly

---

look up to
존경하다 ㉤ respect

look down on [upon]
업신여기다, 깔보다 ㉤ despise

---

have (something) to do with
…와 관계가 있다 ㉤ be connected[concerned] with, be related to

have nothing to do with
…와 관계가 없다
→ '관계가 있다'의 경우에 something은 생략될 때도 많으며, 그 자리에 nothing, much, little 등을 넣어 관계의 정도를 표시한다.

---

speak/think well of
좋게 말하다/생각하다

speak/think ill[badly] of
나쁘게 말하다/생각하다
→ think better of …을 고쳐 생각하다, 재고하여 …하지 않기로 하다; (남을) 다시 보다

★ Check-Up ★

1	네 방이 많이 어지럽혀져 있구나. 가서 정돈해라.	Your room is very messy. Go put it _____ _____.
2	너의 세 가지 질문에 대해 순서대로 대답하겠다.	I'll answer your three questions _____ _____.
3	그 시계는 고장 났다.	The clock is _____ _____ _____.
4	그의 행동은 규칙 위반이다.	His action is _____ _____ _____.
5	나는 그에게 그 생각이 마음에 들지 않는다고 노골적으로 얘기했다.	I told him _____ his face that I didn't like the idea.
6	그 얘기는 그녀가 없는 데서 하지 말고 있는 데서 해라.	Say it _____ her face, not _____ her back.
7	그들은 많은 사람들 앞에서 연설하는 것을 좋아하지 않는다.	They don't like speaking _____ _____.
8	나는 수년간에 걸쳐 개인적으로 그리고 공적으로 우리의 교육 제도를 비판해 왔다.	I have criticized our education system for years, in _____ and in _____.
9	내 아버지는 훌륭한 학자로서 존경받고 있다.	My father is _____ _____ _____ as a respected scholar.
10	단지 가난하다는 이유로 사람을 멸시해서는 안 된다.	You should never _____ _____ _____ people merely because they are poor.
11	그 책은 비행기에 관한 서적이다.	The book _____ _____ _____ _____ airplanes.
12	그것이 나와 무슨 상관입니까?	What _____ that _____ _____ with me?
13	나는 그 사건과 아무런 관련이 없었다.	I _____ _____ to do with the event.
14	모든 사람들은 그 교수를 항상 좋게 이야기한다.	Everyone always _____ _____ _____ the professor.
15	본인이 없는 데서 남을 나쁘게 말하면 안 된다.	You shouldn't _____ _____ _____ people behind their backs.

lose one's temper	화를 내다, 냉정함을 잃다
keep[control] one's temper	(성내지 않고) 참다; 침착함을 잃지 않다

be short of	…이 부족한, 모자라는
be abundant in	…이 풍부한

on the increase	증가하여
on the decrease	감소하여 → 이때의 on은 '(상태 · 경과) …하여, …하는 중에'라는 뜻이다. on the move 움직이는 상태에

persuade[talk] A into B	A를 설득하여 B를 하게 하다
persuade[talk] A out of B	A를 설득하여 B를 하지 못하게 하다 → 구어에서는 persuade 대신에 보통 talk을 쓴다.

do ... good	…에게 친절을 베풀다; 도움이 되다
do ... harm	…에게 손해[위해]를 입히다 → do good은 주로 자선 행위 등에 쓰인다.

take apart	분해하다
put together	조립하다 ⑨ assemble

★ C h e c k - U p ★

16	너는 냉정함을 잃지 말아야 한다.	You should not _____ your temper.
17	그녀는 그의 모욕에도 불구하고 가까스로 침착함을 잃지 않았다.	She managed to _____ her temper despite his insults.
18	우리는 돈이 모자라서 택시 타는 것을 포기했다.	We were _____ _____ money so gave up taking a taxi.
19	이 나라는 천연자원이 풍부하다.	This country is _____ _____ natural resources.
20	우리나라의 자동차 수가 증가하고 있다.	The number of cars in our country is _____ _____ _____.
21	이 도시의 인구는 감소하고 있다.	The population of this town is _____ _____ _____.
22	그들은 우리를 설득하여 그 파티에 가게 했다.	They _____ us _____ going to the party.
23	그를 설득해서 어리석은 계획을 하지 못하도록 해주겠니?	Can you _____ him _____ _____ his foolish plans?
24	기분 전환은 나에게 아주 많은 도움이 되었다.	The change of scenery _____ me a lot of _____.
25	그 바람은 나무와 꽃에 큰 해가 된다.	The wind _____ a lot of _____ to trees and flowers.
26	기계를 분해하는 것은 다소 쉽지만 그것을 다시 조립하는 것은 훨씬 더 어렵다.	It's rather easy to _____ a machine _____, but it is much more difficult to _____ it _____ again.

to the point	적절한, 핵심적인, 딱 맞는 ⓤ to the purpose
beside the point	본론을 벗어난, 요점[핵심]을 벗어난

turn on	(전기 · 수도 등을) 켜다
turn off	(전기 · 수도 등을) 끄다
	→ 전기나 가스에 대해서는 switch on(켜다), switch off(끄다)도 쓴다.

up to date	최신의
out of date	구식의
	→ up (늦지 않고, 나란히, 맞먹어) + to date (현재까지, 오늘까지) → 현재와 나란히 → 최신의

by no means	결코 …이 아니다[않다]
by all means	어떠한 희생을 치르더라도, 반드시
	→ by all means는 '(승낙의 뜻을 강조하여) 물론, 좋다마다'라는 뜻으로도 쓰인다.
	A: Shall we order another dessert? (디저트 더 시킬까?)
	B: **By all means**. (좋지.)

what is better	더욱 좋은 것은, 게다가, 더욱이
what is worse	더욱 나쁜 것은, 설상가상으로
	→ what is more(더욱이, 게다가)은 삽입구로 잘 쓰인다.

catch[get] sight of	…이 눈에 띄다, …을 발견하다
lose sight of	…을 시야에서 놓치다
	→ catch sight of의 catch는 '…을 알아채다; (…하고 있는 현장을) 발견하다'라는 뜻이다.

★ Check-Up ★

27	나는 지금 바쁘니 본론을 이야기해 주세요.	I'm in a hurry, so get _____ _____ _____.
28	그녀는 우리에게 간결하고 핵심적인 설명을 하라고 말했다.	She told us to be brief and _____ _____ _____.
29	지금까지 그가 해온 이야기는 전적으로 문제의 핵심에서 벗어나 있다.	What he has been saying is utterly _____ _____ _____.
30	추웠기 때문에 그녀는 난방기를 켰다.	Because she was cold, she _____ _____ the heater.
31	George, 음악을 듣지 않고 있으면 꺼라.	George, if you are not listening to the music, _____ it _____.
32	그것은 현대식 공장이지. 모든 것이 진짜 최신식이라니까.	It's a modern factory; everything is really _____ _____ date.
33	스타일이 구식이 되었기 때문에 그 차는 매력적이지 않다.	The car is not attractive because its style has gone _____ _____ date.
34	그가 말한 것은 결코 사실이 아니다.	What he said _____ _____ _____ is true.
35	나는 반드시 그 일을 하겠다.	I'll do it _____ _____ _____.
36	네 사전을 사용해도 되니? – 물론이지.	Can I use your dictionary? – _____ _____ means.
37	그녀는 훌륭한 연구원이고 게다가 훌륭한 교사이기도 하다.	She is a good researcher, and _____ is _____, a good teacher.
38	그는 게으르며, 더욱 나쁜 것은 나쁜 태도를 지녔다는 것이다.	He is lazy, and _____ _____ _____, he has a bad attitude.
39	나는 군중 속에서 그녀를 발견하였다.	I _____ _____ _____ her in the crowd.
40	우리는 어둠 속에서 그 배를 시야에서 놓쳐 버렸다.	We _____ _____ _____ the boat in the dark.

뜻이 비슷한 숙어 (1)

all of a sudden
all at once

갑자기

갑자기; 동시에

→ all of … (정말 …, 아주 …) + a sudden (돌연, 불시) → 정말 갑자기

---

accuse A of B
charge A with B

A를 B의 이유로 비난하다; 고발[고소]하다

A를 B의 이유로 책망하다; 고발하다; A에게 B를 맡기다

→ accuse A of B와 비슷한 표현으로 blame A for B도 있으나 비난의
강도가 다소 약하다.

---

as a whole
on the whole
by and large
for the most part

전체적으로

전체적으로 보아, 대체로

전반적으로, 대체로

주로, 대개, 보통

→ on (…에 근거하여) + the whole (전체) → 전체적으로 보아

by (곁에 → …에 근사한) + and (그리고) + large (크게 → 크게 봤을 때) →
대체로

---

at the cost of
**at the expense
of**

…을 희생하고, …의 비용을 지불하고

…을 희생하면서, …의 비용을 부담하여

→ at ([조건, 대가] …으로) + the cost of (…의 비용) → …의 비용을 대가로 →
…을 희생하면서

at ([조건, 대가] …으로) + the expense of (…의 비용) → …의 비용을 대가로
→ …을 희생하면서

---

attribute A to B
ascribe A to B

A를 B의 덕분으로 생각하다

A를 B의 탓으로 하다

→ attribute (결과 따위를) …의 덕분으로 돌리다

ascribe (원인 · 동기 · 기원을) …에 돌리다

★ Check-Up ★

1	사고는 때때로 갑작스레 일어나기 마련이다.	Accidents sometimes happen all _____ _____ _____.
2	갑자기 밖에서 큰 소리가 났다.	All _____ _____, there was a loud noise outside.
3	그녀는 선생님과 아내와 어머니의 역할을 동시에 겸하고 있다.	She is a teacher, wife, and mother all _____ _____.
4	여자는 그가 그녀의 차를 훔쳤다고 고소했다.	The woman _____ him of stealing her car.
5	경찰은 그를 폭행죄로 고발했다.	The police _____ him with assault.
6	나는 그 일의 책임을 맡고 있다.	I have been _____ _____ the task.
7	대부분의 경우에 있어 사람들은 그런 일을 하지 않는다.	People, as _____ _____, don't do things like that.
8	Billy는 올해 전체적으로 학교 성적이 매우 좋았다.	On _____ _____, Billy did very well in school this year.
9	전반적으로 네 생각은 좋다.	_____ _____ large, your idea is a good one.
10	보통 그녀의 분석은 정확하다.	For _____ _____ _____, her analysis is accurate.
11	그는 자신의 목숨을 희생하면서 화재로부터 그의 딸들을 구해냈다.	He saved his daughters from the fire _____ the cost of his own life.
12	그녀는 자신의 시간을 희생시켜 가면서 의무를 이행했다.	She performed her duties _____ the expense of her own time.
13	그는 자신이 성공한 것을 노력 덕분이라고 생각했다.	He _____ his success to hard work.
14	나는 그가 거절한 것이 돈이 부족한 탓이라고 생각했다.	I _____ his refusal _____ a lack of money.

make fun of	…을 놀리다, 비웃다
laugh at	…에 웃다, …을 놀리다, 비웃다

be used to	…에 익숙하다
be accustomed to	…에 익숙하다, …에 길들다 → used 익숙한 / accustomed 익숙한, 습관이 된

commit suicide	자살하다
kill oneself	자살하다 → commit (죄ㆍ과실 등을) 저지르다 / commit a crime 범죄를 저지르다

cannot but	…하지 않을 수 없다
can't help doing	…하지 않을 수 없다
can't help but	…하지 않을 수 없다 → cannot (할 수 없는) + but (= except) + 동사원형 → …을 제외하고는 아무것도 할 수 없는 → …하지 않을 수 없는 cannot (할 수 없는) + help (= avoid) + 동명사 → …하는 것을 피할 수 없는

as it were	말하자면
so to speak	말하자면

after all	결국, 어찌 되었건
in the end	마침내, 결국에는
in the long run	결국은, 긴 안목으로 보면 → in the long run (장거리 경기에서) → 긴 안목으로 보면

Check-Up

15 그들은 내 이름에 대해 놀렸다.　　They _____ _____ _____ my name.

16 모두가 그녀의 농담에 웃었다.　　Everyone _____ _____ her joke.

17 그녀는 대중 앞에서 연설하는 것에 익숙하지 않다.　　She is not _____ _____ making speeches in public.

18 나는 이런 종류의 음식을 먹는 데 익숙하다.　　I _____ accustomed _____ eating this sort of food.

19 그 남자는 독을 먹고 자살했다.　　The man _____ suicide by drinking poison.

20 나는 너에게 동의하지 않을 수 없다.　　I _____ _____ agree with you.

21 나는 울지 않을 수 없었다.　　I couldn't _____ crying.

22 거리가 녹은 눈으로 가득할 때 너는 신발을 적시지 않을 수 없다.　　When the streets are full of melting snow, you can't _____ _____ get your shoes wet.

23 말하자면 여러 면에서 어린이는 어른과 다른 세계에 살고 있다.　　In many ways children live, _____ _____ were, in a different world from adults.

24 John은 말하자면 우리 가족이다.　　John is, _____ _____ speak, a member of my family.

25 결국 내가 옳았다는 것을 알겠지!　　So you see, I was right _____ _____!

26 그녀는 그 시험에 합격하기 위하여 여러 차례 시도하였고 결국 성공하였다.　　She tried many times to pass the examination, and _____ _____ _____ she succeeded.

27 장기적으로 보면 그것을 시멘트로 짓는 것이 더 저렴할 것이다.　　It will be cheaper _____ _____ _____ _____ to build it with cement.

take advantage of	(기회 등을) 이용하다; (남의) 약점을 이용하다
make use of	이용하다, 사용하다 → take (취하다) + advantage (이익) + of (…으로부터) → …으로부터 이익을 취하다 → 이용하다
and the like	기타 등등
and so forth[on]	… 따위, … 등등 (etc.) → and (그리고) + the like (비슷한 것) → 기타 등등 and (그리고) + so forth (그런 식으로 앞으로) → 등등
be tired of	더는 관심이 없다, 싫증이 나다
be sick of	싫증이 나다, 지긋지긋하다
be weary of	참지 못하다, 싫증이 나다 → sick 질려서, 지겨워서 I'm **sick** and tired of it. (나는 이제 그것이라면 넌더리가 난다.) weary 싫증이 난, 지긋지긋한
a great deal of	많은 (양의), 큰
plenty of	많은 → a great[good] deal of는 셀 수 없는 명사에만 쓸 수 있지만, plenty of는 셀 수 있는 명사와 셀 수 없는 명사 모두에 쓸 수 있다.
a variety of	여러 가지의, 다양한
a wide range of	광범위한, 다양한
along with	…와 함께, …와 마찬가지로
in addition to	…뿐만 아니라, …에 더하여

★ Check-Up ★

28	그는 늘 그의 경쟁자들이 저지른 실수를 이용한다.	He always takes _____ _____ the mistakes made by his rivals.
29	가능하다면 내 기술을 이용하고 싶다.	I'd like to make _____ _____ my skills.
30	Megan은 읽기, 쓰기, 수학 등을 공부한다.	Megan studies reading, writing, mathematics and the _____.
31	그는 의류, 신발류 등을 판매한다.	He sells clothing, shoes and _____ forth.
32	나는 너의 어리석은 말에 더는 관심이 없다.	I am tired _____ your stupid remarks.
33	그는 논쟁하는 것이 지긋지긋하다.	He is sick _____ arguing.
34	나는 그녀의 불평에 싫증이 난다.	I am weary _____ her complaints.
35	그 지진은 큰 피해를 끼쳤다.	The earthquake caused a great _____ _____ damage.
36	영어를 향상하는 많은 방법이 있다.	There are _____ _____ ways to improve your English.
37	그것은 여러 가지 디자인과 패턴으로 구성되어 있다.	It consists of _____ _____ _____ designs and patterns.
38	우리는 다양한 주제에 대해 토론했다.	We discussed a wide _____ _____ issues.
39	나는 팬케이크를 초콜릿 시럽과 함께 즐겨 먹는다.	I enjoy pancakes _____ _____ chocolate syrup.
40	그녀는 영어뿐만 아니라 스페인어도 한다.	She speaks Spanish _____ _____ to English.

뜻이 비슷한 숙어 (2)

before long	머지않아, 곧
after a while	잠시 후

be about to do	막 …하려고 하다
be on the point of	막 …하려고 하다 → be (있다) + about (바로 가까이에) → 막 …하려고 하다

by chance	우연히, 뜻밖에 ⊕ on purpose
by accident	우연히 ⊕ on purpose → by ([원인] …에 의해) + chance (우연) → 우연히 by any chance는 '만약에, 혹시나'란 뜻이다. by ([원인] …에 의해) + accident (우발적인 일) → 우연히

distinguish A from B	A와 B를 구별하다
tell A from B	A와 B를 구별하다
know A from B	A와 B를 구별하다 → distinguish between A and B도 같은 뜻이다. tell (알다, 분간하다) + from (…으로부터) → …으로부터 알다, 분간하다

do one's utmost	최선을 다하다
try[do] one's best	최선을 다하다 → (the) utmost (능력·힘 등의) 최대한도, 최고, 최선

★ C h e c k - U p ★

1	우리는 기다리는 것에 싫증이 나서 버스가 곧 오기를 바랐다.	We were tired of waiting and hoped the bus would come _____ _____.
2	잠시 후 그는 터무니없는 말을 하기 시작했다.	He began to talk nonsense _____ _____ _____.
3	우리는 눈이 내리기 시작할 때 막 떠나려고 했다.	We were _____ to leave when the snow began to fall.
4	아기가 막 울음을 터뜨리려는 순간 드디어 어머니가 집에 도착했다.	When the baby was _____ _____ _____ _____ crying, her mother finally came home.
5	그 사과는 우연히 Bobby의 머리 위에 떨어졌다.	The apple fell _____ chance on Bobby's head.
6	나는 우연히 그곳에 있었다.	I was there _____ accident.
7	혹시나 송 씨가 전화하지 않았던가요?	Did Ms. Song call by _____ _____?
8	너는 미국 말씨와 영국 말씨를 구별할 수 있니?	Can you distinguish American accents _____ British accents?
9	Jean과 Joan은 구별하기가 힘들다. 그들은 아주 비슷하게 생겼다.	It's difficult to tell Jean _____ Joan; they look so alike.
10	그는 선악을 구별하지 못 한다.	He doesn't know right _____ wrong.
11	나는 그 문제를 해결하기 위해 최선을 다하겠다.	I will _____ _____ utmost to solve the problem.
12	적어도 나는 정직하게 살기 위해서 최선을 다해 왔다.	At least I've _____ my best to live honestly.

above all	무엇보다도 특히
before everything else	우선 첫째로, 무엇보다도
	→ 비슷한 표현으로 first thing(무엇보다도 먼저, 맨 처음에)도 있다.
	I'll do that **first thing** in the morning. (아침에 맨 먼저 그 일을 할게.)

in any event [case]	아무튼, 여하튼
at any rate	아무튼, 여하튼

for[with] all	…에도 불구하고
in spite of	…에도 불구하고
	→ 'with (all) + 명사'는 '~에도 불구하고'라는 양보의 뜻을 나타내기도 한다.
	With the best of intentions, he failed completely. (훌륭한 의도에도 불구하고 그는 완전히 실패했다.)

for nothing	무료로; 까닭 없이; 헛되이
for free	무료로
free of charge	무료로
	→ free of (부담 · 제약 등이) 없는

for the purpose of	…을 위하여, …을 목적으로
with a view to	…을 위하여, …을 목적으로
	→ view 목적, 의향 / in view of …을 고려하여

for the time being	당분간, 현재로서는
for the present	당분간, 현재로서는
	→ 비슷한 표현으로 for now도 있다.
	for (동안) + the time (시간) + being (현재 존재하고 있는, 가까운 장래의) → 당분간은

★ C h e c k - U p ★

13	무엇보다도 진실하라.	Be sincere _____ _____.
14	어린이들에게는 여러 가지가 필요하지만 무엇보다도 특히 사랑이 필요하다.	Children need many things, but _____ all they need love.
15	좋은 계획이 무엇보다도 우선이 되어야 한다.	A good plan should come before _____ _____.
16	아마 내일 너를 보겠지만, 여하튼 전화를 하겠다.	I'll probably see you tomorrow, but _____ _____ event I'll call you.
17	대단한 차는 아니지만 아무튼 비싸지는 않았다.	It isn't much of a car, but _____ _____ rate it was not expensive.
18	그는 성공했음에도 불구하고 행복하지 않다.	He is not happy _____ _____ his success.
19	불리한 조건에도 불구하고 그녀는 성공했다.	_____ spite _____ her handicaps, she succeeded.
20	그는 내게 이 자전거를 무료로 주었다.	He gave me this bicycle _____ _____.
21	그가 아무 이유 없이 '불도저'라고 별명 지어진 것은 아니었다.	It was not _____ _____ that he was nicknamed "The Bulldozer."
22	인터넷에는 무료로 이용할 수 있는 달력이 많이 있다.	There are many calendars available _____ _____ _____ online.
23	그들은 등산을 장려하기 위하여 그 산에 대피소를 지었다.	They built shelters in the mountains _____ the purpose of encouraging mountaineering.
24	그는 억만장자가 될 목적으로 자기 사업을 시작했다.	He started his own business _____ a view _____ becoming a billionaire.
25	그녀는 아직 아파트를 구하지 못했다. 그래서 당분간은 자기 이모와 함께 지낸다.	She hasn't found an apartment yet; she's staying with her aunt _____ _____ _____ _____.
26	그 결혼은 당분간 연기되어야만 한다.	The marriage must be put off _____ _____ _____.

dispose of	팔아버리다; 제거하다, 버리다
get rid of	제거하다, 쫓아버리다
sell off	(물건 따위를 싸게) 처분하다
	→ dispose = dis (떨어져) + pose (놓다) → 처분하다

in all	전부, 합계하여; 대체로
all told	전부, 합쳐서

in a hurry[rush]	서둘러, 황급히
in haste	서둘러, 황급히
	→ in one's haste 서두른 나머지

in no time	즉시, 당장
without delay	즉시, 당장
	→ in (후에) + no time (0의 시간) → 0시간 후에 → 즉시

It is needless to say ...	···은 말할 필요도 없다
It goes without saying ...	···은 말할 필요도 없다

in short	간략히 하면
in brief	간략히 하면, 요약하면
in a word	한마디로 말해서, 요컨대
	→ for short 줄여서
	Thomas is called Tom **for short**. (Thomas를 줄여서 Tom이라고 부른다.)
	in other words 바꾸어 말하면

★ Check-Up ★

| 27 | 이 폐지들을 버려라. | Dispose _____ these old papers. |

| 28 | 그가 방문하면 도저히 쫓아버릴 방법이 없다. | When he comes on a visit, there is no way of _____ _____ _____ him. |

| 29 | 그들은 문을 닫기 전에 남은 케이크를 싸게 처분한다. | They sell _____ leftover cakes before they close. |

| 30 | 책값을 얼마 드리면 되죠? — 전부 50달러입니다. | How much do I owe you for the books? — Fifty dollars _____ all. |

| 31 | 모든 것을 고려해 보면 우리는 매우 잘한 것이다. | _____ all, we did very well. |

| 32 | 당신의 미지불 금액은 전부 800달러입니다. | Your outstanding balance is $800, _____ told. |

| 33 | 일을 서둘러 행한다면 너는 실수를 저지르기 마련이다. | You will make mistakes if you do things in a _____. |

| 34 | 서두르다 보니 그는 코트를 입는 것을 잊었다. | In his _____, he forgot to put on his coat. |

| 35 | 우리는 함께 그 퍼즐을 즉시 끝내버렸다. | We finished the puzzle _____ _____ _____ by working together. |

| 36 | 그것을 바로 보내도록 하겠습니다. | We will send it _____ delay. |

| 37 | 법을 지켜야 한다는 것은 말할 필요도 없다. | It is _____ to _____ that we must obey the law. |

| 38 | 건강이 부보다 더 중요하다는 것은 말할 필요 없다. | It _____ _____ saying that health is more important than wealth. |

| 39 | 나는 그것을 하지 않겠다. 간단히 말하면 거절이야! | I won't do it. In _____—no! |

| 40 | 그는 그 환자에 대한 진료 보고서를 간략히 썼다. | He wrote a medical report on the patient _____ brief. |

| 41 | 한마디로 말하자면 그것은 공급과 수요의 문제이다. | _____ _____ _____, that is a problem of supply and demand. |

뜻이 비슷한 숙어 (3)

in place of	… 대신에, … 대신으로
instead of	… 대신에, … 대신으로
	→ in place 제자리에; 시행[준비] 중인
	out of place 잘못 놓인; 어울리지 않는

---

in the first place	무엇보다도, 맨 먼저, 첫째로
first of all	무엇보다도, 맨 먼저, 우선
	→ to begin with 우선, 첫째로; 처음에는

---

keep company with	…와 친하게 지내다; (결혼 상대로서) …와 사귀다
associate with	…와 사귀다, 교제하다
	→ keep ([어떤 동작 · 상태를] 계속하다, 유지하다) + company (사귐, 교제) + with (…와) → …와 교제하는 상태를 유지하다

---

little by little	조금씩, 차츰
by degrees	차츰, 단계적으로 ⓨ gradually
	→ little (조금) + by (연속해서, 차례로) + little (조금) → '조금'의 반복이나 연속 → 조금씩
	by degrees에서 by는 '…을 단위로 하여, …씩'이라는 의미이다.

---

cannot wait to do	얼른 …하고 싶어 못 참다, 빨리 …하고 싶어 하다
long for	갈망[열망]하다
be anxious for[to do]	갈망[열망]하다
die for[to do]	《보통 현재분사형》 몹시 탐내다[…하고 싶어 하다]
	→ long은 '멀리 있는 것, 또는 쉽게 입수할 수 없는 것을 간절히 바라다'라는 의미이다.
	I **long** to go home. (나는 집에 돌아가기를 간절히 바란다.)

★ Check-Up ★

1	버터 대신에 마가린을 사용하세요.	Use margarine _____ _____ _____ butter.
2	그는 나에게 현금 대신 수표를 주었다.	He gave me a check _____ _____ cash.
3	첫째로 나는 가고 싶지 않고, 둘째로 그럴 여유도 없다.	In the first _____, I don't want to go; and in the second, I can't afford to.
4	우선, 와주셔서 감사드립니다.	_____ of all, let me thank you for coming.
5	그녀는 여기서 일하는 몇몇 여자들과 친하게 지낸다.	She _____ company with several women who work here.
6	그 사람들과 교제하고 싶지 않다.	I don't care to _____ with them.
7	우리는 조금씩 해서 충분한 돈을 모았다.	We collected enough money little _____ little.
8	그녀는 점점 더 쇠약해졌다.	She grew weaker by _____.
9	우리는 이웃 사람들과 차츰 알게 되어 매우 훌륭한 친구가 되었다.	We grew to know our neighbors by _____ and became great friends.
10	그녀를 빨리 보고 싶다.	I cannot _____ to see her.
11	나는 새로운 무언가를 갈망한다.	I _____ for something new.
12	나는 유럽에 가길 열망한다.	I'm _____ to visit Europe.
13	나는 오늘 밤에 피자를 몹시 먹고 싶다.	I _____ for pizza tonight.

answer for	책임을 지다; 해명하다
be responsible for	책임이 있다
be in charge of	(권한 · 책임을) 맡고 있다 → answer 해명하다; (결과 · 죄의) 책임을 지다
make it a rule to do	…하기로 하고 있다, …을 원칙으로 하다
make a point of doing	…하는 것을 잊지 않다; …을 중시하다
make it a practice to do	…하는 것이 습관이다
make a practice of doing	…하는 것이 습관이다 → 구어체에서는 보통 generally, usually, as a rule을 쓴다. practice 습관, 관습
major in	전공하다
specialize in	전문으로 하다; 전문적으로 취급하다 → major (전공하다) + in ([한정 · 범위] …에 관해서) specialize (전문적으로 연구하다, 전문으로 하다) + in ([한정 · 범위] …에 관해서)
much less	하물며[더구나] …은 아니다
still less	하물며[더구나] …은 아니다 → 구어체에서는 still less보다 much less가 많이 쓰인다.
next to	거의, …에 버금가는, (순서 · 중요도에 있어) …다음으로
all but	거의 → next to …의 바로 다음 → …에 버금가는, 거의 all (모두) + but (…만 제외하면) → 거의
not only A but (also) B	A뿐만 아니라 B 역시
B as well as A	A만이 아니라 B 또한 → B as well as A에서, B에 강조점을 두고 있으므로 이 구문이 주어로 쓰일 경우 동사는 B의 수와 인칭에 일치해야 한다. 또한 A와 B는 문법적 역할이 대등해야 한다.

★ Check-Up ★

14	우리의 행동에 대해서는 우리가 책임을 져야 한다.	We must _____ _____ our actions.
15	이 사태에 대한 책임은 누구에게 있습니까?	Who is _____ for this state of affairs?
16	그녀는 3학년 반을 맡고 있다.	She is _____ _____ _____ the third-year class.
17	그는 매일 정원에서 한 시간씩 일을 하는 것을 원칙으로 하고 있다.	He _____ it a _____ to do an hour's work in the garden every day.
18	그녀는 늘 아이들에게 옷을 잘 입히는 것을 중시한다.	She always _____ a point of dressing her children well.
19	그는 매일 아침 늘 산책하는 것이 습관이다.	He _____ it a _____ to take a walk every morning.
20	그녀는 늘 저녁 식사 전에 신문을 읽는 것이 습관이다.	She makes _____ _____ _____ reading the news before dinner.
21	그는 역사를 전공했다.	He _____ in history.
22	그녀는 열대성 질병을 전문으로 하는 의사이다.	She is a doctor who specializes _____ tropical diseases.
23	이 가게는 발레에 관한 책만을 전문으로 다루고 있다.	The shop _____ solely _____ books about ballet.
24	그는 영어를 못하며 더구나 러시아어는 더욱 못한다.	He cannot speak English, much _____ Russian.
25	그녀는 직업에 관해 말하지도 않거니와 하물며 사생활에 관해 말하지도 않는다.	She does not talk about her job, still _____ her personal life.
26	피자 다음으로 Bob은 햄버거를 제일 좋아했다.	_____ _____ pizza, Bob liked hamburgers best.
27	그 도보 여행자들은 지쳤고, 그들이 발견되었을 때는 거의 동사 직전이었다.	The hikers were exhausted and _____ but frozen when they were found.
28	그는 예의 없을 뿐만 아니라 게으르기도 하다.	He is _____ _____ rude _____ _____ lazy.
29	그녀는 아름다울 뿐만 아니라 똑똑했다.	She was intelligent as _____ _____ beautiful.

never fail to do	반드시 …하다
without fail	반드시, 꼭
	→ 이때의 fail은 '실패하다'의 뜻이 아니고 '…하지 않다; …하려다 못하다'란 뜻이다. without fail은 주로 명령하거나 약속할 때 쓴다.
no less ... than	~에 못지않게 …하여, ~와 같은 정도로 …하여
as much ... as	~와 같은 양[액수]의 …, ~만큼의 …; ~와 같은 정도로
due to	… 때문에
because of	… 때문에
on account of	… 때문에
thanks to	… 때문에, …의 덕택에
	→ account 이유, 근거
put aside	모아놓다, 저축하다
set aside	따로 모아놓다, 비축하다
lay aside	따로 떼어놓다, 비축하다
	→ aside 따로, 별도로, 젖혀두고
not less than	적어도, 최소한
at least	적어도, 최소한
	→ no less than(…에 못지않게 ~하여; …와 같은 정도로 ~하여)과 혼동하지 않도록 한다. no less than은 '막상막하'라는 뉘앙스이고 not less than은 '나으면 낫지 못하지 않다'란 뉘앙스를 갖는다.

★ Check-Up ★

30	그는 매주 반드시 어머니에게 편지를 쓴다.	He never _____ _____ write to his mother every week.
31	이 수업은 반드시 흥미를 일으킨다.	This class _____ _____ _____ be interesting.
32	반드시 내게 매주 전화해.	Call me every week _____ _____ .
33	그녀는 언니 못지않게 영리하다.	She is _____ _____ smart _____ her sister.
34	그는 버터를 원하는 만큼 먹었다.	He ate _____ _____ butter _____ he wanted.
35	그는 건강이 좋지 않았기 때문에 회사를 그만뒀다.	He resigned from the company _____ to poor health.
36	그 공연은 관객이 적어서 취소되었다.	The performance was canceled because _____ poor attendance.
37	그 공항은 안개 때문에 폐쇄되었다.	The airport was closed _____ _____ _____ the fog.
38	나는 그녀 덕분에 보고서를 제시간에 낼 수 있었다.	I could submit the report on time _____ _____ her.
39	당신도 이제 결혼을 했으니 만일의 경우를 대비해서 얼마간의 돈을 모아 놓아야 한다.	Now that you are married, you should put _____ some money for a rainy day.
40	그녀는 매주 약간의 돈을 비축한다.	She sets _____ a little money each week.
41	그는 컬럼비아 여행을 위해서 약간의 돈을 비축했다.	He laid _____ a little money for a trip to Columbia.
42	나는 그 책을 사기 위해 최소한 5달러가 필요하다.	I need _____ _____ than five dollars to buy the book.
43	나는 한 달에 적어도 세 권의 책을 읽고 싶다.	I would like to read _____ _____ three books a month.

뜻이 비슷한 숙어 (4)

not more than **at most**	많아야, 최대한 많아야, 기껏해야 → no more A than B = not A any more than B: A가 아님은 B가 아님과 같다
regard A as B **think of A as B**	A를 B로 여기다, 간주하다 A를 B로 생각하다, 여기다
so far **until[up to] now** **up to the present**	지금까지는, 여태까지는 이제까지, 지금까지는 현재까지(는) → to date도 '현재까지, 지금까지'라는 의미로 같은 뜻이다. 반면 up to date는 '최신의'란 뜻이다.
scarcely ... **when[before] ~** **hardly ...** **when[before] ~** **no sooner ...** **than ~**	…하자마자 ~하다, …하기 무섭게 ~하다 …하자마자 ~하다, …하기 무섭게 ~하다 …하자마자 ~하다, …하기 무섭게 ~하다 → Scarcely had he begun running when it started to rain.(그가 뛰기 시작하자마자 비가 오기 시작했다.)과 같이 scarcely, hardly, no sooner가 문장의 앞으로 나오면 주어와 동사가 도치된다.
take part in **participate in**	…에 참여하다 …에 참여하다

★ Check-Up ★

1	그녀는 많아야 20세다.	She is _____ more _____ twenty.
2	집까지 운전하는 데 기껏해야 한 시간이 걸릴 것이다.	It will take an hour at _____ to drive home.
3	일도 놀이와 마찬가지로 인생의 목적이 아니다.	Work is not the object of life _____ _____ _____ play is.
4	그가 그 일에 적합하다고 생각합니까?	Do you regard him _____ fit for the job?
5	나는 그들을 내 가족이라고 생각한다.	I _____ _____ them _____ my family.
6	나는 이곳에 3주 동안 있었는데 지금까지는 재미있었다.	I've been here three weeks, and _____ far I've enjoyed it.
7	지금까지는 우리는 운이 좋았다.	_____ now we have been lucky.
8	그녀의 책은 현재까지 인기 있다.	Her book has remained popular _____ _____ _____ _____.
9	그가 걷기 시작하자마자 비가 오기 시작했다.	He had scarcely started walking _____ the rain began to fall.
10	내가 그녀를 알게 되자마자 그녀는 떠났다.	Hardly had I gotten to know her _____ she left.
11	그는 집에서 나오자마자 학교를 향해 뛰기 시작했다.	No sooner had he left home _____ he began to run to school.
12	이것은 누구나 참가할 수 있는 게임이다.	This is a game that everyone can _____ _____ in.
13	그녀는 올림픽에 참가하기를 원하고 있다.	She wants to _____ _____ the Olympics.

to the best of my knowledge	내가 아는 한
as far as I know	내가 아는 한 → as far as는 '장소'에 관하여 쓰이면 '…까지'란 뜻이 된다.
stay away from	(가까이 가지 않고) 떨어져 있다; …을 멀리하다
keep away from	가까이 가지 않다, 피하다 ⑨ avoid
take … into consideration	…을 고려하다
take … into account	…을 고려하다
take account of	…을 고려하다 → take (가지고 가다) + into (안으로) + consideration (고려) → 고려하는 방향으로 가지고 가다 take (받아들이다) + account (중요성) + of (…의) → …의 중요성을 받아들이다 → 고려하다
take pains	애쓰다
take the trouble	애쓰다, 수고하다
go to the trouble of	일부러 …하다, 수고하다
not always	《부분부정》 항상 …인 것은 아니다
not necessarily	《부분부정》 반드시 …은 아니다
not entirely	《부분부정》 완전히 …인 것은 아니다
not quite	《부분부정》 완전히 …인 것은 아니다

★ Check-Up ★

14	내가 아는 한 그는 거짓말쟁이가 아니다.	To the best of my _____, he is not a liar.
15	내가 아는 한 그녀는 그 상황에 연루되지 않았다.	As _____ as I know, she is not involved in the situation.
16	우리는 사람들을 피하려고 번화가 지역에서 떨어져 있었다.	We stayed _____ _____ the downtown area to avoid crowds.
17	위험한 상황은 피해야 한다.	You should keep _____ _____ dangerous situations.
18	그는 내가 매우 바쁘다는 사실을 전혀 고려하지 않는다.	He never _____ _____ consideration the fact that I am very busy.
19	우리는 우리의 약점을 고려해야 한다.	We must _____ our weak points _____ account.
20	정치가들은 대중의 여론을 고려해야 한다.	Politicians should _____ _____ of public opinion.
21	그 선생님은 우리가 모두 이해하는지를 확인하려고 애썼다.	The teacher _____ pains to make sure that we all understood.
22	우리는 우리를 위해 식사 준비하느라 수고한 그에게 감사해야 한다.	We must thank him for _____ the trouble to cook us a meal.
23	그녀는 우리를 위해 일부러 그 일을 맡아 주었다.	She _____ _____ the trouble of taking the job for us.
24	내가 일요일마다 항상 집에 있는 것은 아니다.	I'm _____ _____ at home on Sundays.
25	반드시 차 한 대가 또 필요한 것은 아니다.	I don't _____ need another car.
26	내가 그 개념을 전혀 모르고 있는 것은 아니다.	I'm _____ entirely ignorant of the concept.
27	내가 그 책을 완전히 다 읽은 것은 아니다.	I'm not _____ finished with that book.

as regards	…에 관해서는, …에 대해서 말하면
in[with] regard to	…에 관해서(는)
in[with] respect to	…에 관해서(는)
in terms of	…에 관하여, …면에서
when it comes to	…에 관해서라면
as for	《보통 문두에 써서》 …에 관해서는, …은 어떤가 하면
as to	…에 관해서는

→ as regards는 about보다 딱딱한 표현이다.
as for는 이미 화제인 사항에 관해 대조적인 의견을 이야기할 때 쓰고, as to는 보통 이미 나왔던 사항을 새로운 화제로 다시 다루려고 할 때 쓴다.

be forced to do	…하지 않을 수 없다
be compelled to do	…하지 않을 수 없다
be obliged to do	…하지 않을 수 없다, (의무적으로) …해야 한다

→ 강제성이 제일 강한 표현은 be forced to이고, 다음이 be compelled to, be obliged to의 순서이다.

go without	… 없이 지내다
do without	… 없이 지내다, 견디다

keep back	(감정을) 억제하다; 막다, 저지하다; (일부를) 남겨두다
hold back	(감정을) 억제하다; 막다, 제지하다, 방해하다

→ keep ([어떤 동작·상태를] 계속하다, 유지하다) + back (억제하여)
hold ([어떤 상태로] 두다, 유지하다) + back (억제하여)

★ Check-Up ★

28	당신의 제안에 대해 말하자면, 우리는 그것을 고려하고 있어요.	_____ regards your suggestion, we are taking it into consideration.
29	이 문제에 관한 너의 의견은 어떠니?	What's your opinion _____ regard to this matter?
30	최근 지진과 관련하여 파괴된 집의 숫자를 알아보세요.	_____ respect to the recent earthquake, please determine the number of destroyed homes.
31	나로서는 그 계획에 반대한다.	_____ for me, I am against the plan.
32	그의 정직에 관해서는 의심할 바가 없다.	There is no doubt _____ _____ his honesty.
33	이 물건이 가격과 품질 면에서 가장 낫다.	This item is the best _____ _____ of price and quality.
34	클래식 음악에 관해서라면, 나는 전혀 전문가가 아니다.	_____ _____ _____ _____ classical music, I'm far from an expert.
35	우리는 폭풍 때문에 집에 머무르지 않을 수 없었다.	We were _____ to stay at home on account of the storm.
36	나는 어쩔 수 없이 내 직책에서 물러나야 했다.	I was _____ to resign from my position.
37	시민들은 세금을 내야 한다.	Citizens are _____ _____ pay taxes.
38	그녀는 단 하루도 커피 없이는 지낼 수 없다고 말한다.	She says she can't go _____ coffee even for a day.
39	George가 차를 살 만큼의 충분한 돈을 벌지 못한다면, 없이 지내는 수밖에 없다.	If George cannot earn enough money for a car, he will have to _____ _____.
40	그 참상은 독자들이 눈물을 억제하기에 너무 강력했다.	The misery was too much for the readers to keep _____ their tears.
41	Rena는 화를 더는 억누를 수가 없었다.	Rena was unable to hold _____ her anger any longer.

뜻이 비슷한 숙어 (5)

make the most of	…을 최대한 이용하다
make the best of	…을 최대한 이용하다
	→ make the best of는 별로 안 좋은 상황을 개선하기 위해 무슨 일이든 한다는 의미로 쓰인다.

occur to	(생각 등이) 떠오르다
hit on[upon]	생각나다, 우연히 발견하다
come to mind	(갑자기) 생각나다

now and then[again]	때때로, 이따금
once in a while	때때로, 이따금
on occasion	때때로, 이따금
from time to time	때때로, 이따금
at times	때때로, 이따금
	→ occasion 특정한 때, 경우 on every occasion = on all occasions (모든 경우에)

back and forth	앞뒤로; 오락가락하며
to and fro[from]	앞뒤로; 왔다 갔다

on earth	《의문·부정의 강조》 도대체; 조금도
in the world	《의문·부정의 강조》 도대체; 조금도
	→ on earth, in the world는 특히 의문을 강조할 때는 '도대체', 부정을 강조할 때는 '조금도'란 뜻으로 쓰인다.

★ Check-Up ★

1	샌프란시스코에는 하루밖에 머물 여유가 없다. 그러니 하루를 최대한 이용하여 모든 것을 보도록 하자.	We've only got one day in San Francisco, so let's make the _____ of it and see everything.
2	그녀는 불운을 최대한 이용했다.	She made the _____ of her bad fortune.
3	친구를 찾아가볼까 하는 생각이 떠올랐다.	It _____ _____ me that I should call on my friend.
4	Peter는 우리가 어려움에서 벗어날 수 있는 아이디어를 한 가지 생각해냈다.	Peter _____ _____ an idea that will get us out of our difficulties.
5	갑자기 좋은 아이디어가 생각났다.	Suddenly, a great idea _____ _____ _____.
6	그녀는 여전히 가끔 나를 만나러 온다.	She still comes to see me _____ and _____.
7	우리는 때때로 같이 낚시하러 간다.	We go fishing together _____ in a while.
8	나는 가끔 그를 동호회에서 만난다.	I meet him on _____ at the club.
9	그녀는 아직도 가끔 내게 편지를 쓴다.	She still writes to me from _____ to _____.
10	그는 때로는 수업 준비를 잘하지만 때로는 형편없이 준비한다.	At _____ he prepares his lessons well; at other times he does very poor work.
11	수상한 사람이 그 도로상에서 왔다 갔다 하고 있었다.	A strange man was walking back and _____ on the road.
12	그녀는 그의 집 앞을 왔다 갔다 하며 걸었다.	She walked to and _____ in front of his house.
13	너 도대체 뭐 하고 있니?	What on _____ are you doing?
14	이것을 파괴할 이유는 조금도 없다.	There's no reason on _____ to destroy this.
15	도대체 그가 하고자 하는 이야기가 뭐죠?	What in the _____ does he mean?

let alone	…은 말할 것도 없이, …은 물론
not to speak of	…은 말할 것도 없이, …은 물론
not to mention	…은 말할 것도 없이, …은 물론
to say nothing of	…은 말할 것도 없이, …은 물론

in case	만약 …인 경우에는, 만일 …이면; 만일에 대비하여
so[as] long as	…하는 한, …하는 동안은, …하기만 하면
	→ in case는 if보다 구어적이다.
	if 대신 쓸 수 있는 표현으로는, 이외에도 suppose, supposing, provided, providing 등이 있다.

the former — the latter	전자 – 후자
the one — the other	전자 – 후자

what is called	이른바, 소위
what we[you / they] call	이른바, 소위
	→ 이때의 what은 '(…하는) 바[것, 일]'이란 뜻의 관계대명사이다.

be aware of	…을 알다
be conscious of	…을 의식하다, 신경 쓰다

be capable of	…할 수 있다
be adept in	…에 능숙하다

be bound to do	반드시 …하다, 틀림없이 …하게 될 것이다
be supposed to do	…해야 한다, …하기로 되어 있다

★ Check-Up ★

16	Jim은 트럭은커녕 승용차도 운전하지 못한다.	Jim can't drive a car, _____ _____ a truck.
17	나는 여행 동안 모든 식사 비용은 물론이고, 호텔 객실료를 내야 했다.	I had to pay for our hotel room during the trip, _____ _____ _____ _____ all of our meals.
18	Dave는 훌륭한 운동선수임은 물론이고, 미남 이며 영리하다.	Dave is handsome and smart, _____ _____ _____ a good athlete.
19	그녀는 영어가 탁월한 것은 물론이고 중국어도 완벽하다.	Her Chinese is perfect, to _____ _____ of her excellent English.
20	스케이트를 탈 곳을 찾아내는 경우를 대비하여 Tom은 자신의 스케이트를 가지고 갔다.	Tom took his skates _____ _____ he found a place to skate.
21	네가 어차피 시내까지 간다면 나를 위해 무언가를 해 줬으면 한다.	As _____ as you are going to town anyway, you can do something for me.
22	이전 연설가가 나중의 사람보다 훨씬 나았다.	The _____ speaker was much better than the latter.
23	나에겐 두 명의 언니가 있다. 한 명은 변호사이고, 다른 한 명은 치과 의사이다.	I have two sisters. The _____ is a lawyer, the other is a dentist.
24	그는 소위 자수성가한 사람이다.	He is _____ is called a self-made man.
25	그녀는 이른바 음악의 천재다.	She is what _____ call a musical genius.
26	유감스럽게도 그들은 다가오는 위험을 알지 못했다.	Unfortunately, they weren't _____ _____ approaching danger.
27	점점 더 많은 사람들이 자신의 정신 건강을 신경 쓰고 있다.	More and more people are _____ _____ their mental health.
28	그는 세 시간 안에 마라톤을 뛸 수 있다.	He _____ _____ _____ running a marathon in three hours.
29	그녀는 컴퓨터 도구를 사용하는 데 능숙하다.	She is _____ _____ the use of computer tools.
30	우리 팀은 반드시 시합에서 이길 것이다.	Our team _____ _____ _____ win matches.
31	나는 그녀를 오후 2시에 만나기로 되어 있다.	I'm _____ _____ meet her at 2 p.m.

정답

C keep D 1 drew[pulled] 2 came 3 feel 4 is

DAY 01
A 1 understood 2 entered 3 intervened B 1 ④
2 ② C take D 1 stay 2 listening 3 fitted

DAY 02
A 1 start 2 submit 3 arriving B 1 ③ 2 ① C 1 ①
2 ① D 1 dropped[looked/called] 2 deals

DAY 03
A 1 wear 2 interrupted 3 investigating B 1 ③
2 ① 3 ③ C 1 are 2 talked 3 go

DAY 04
A 1 disclosed 2 avoid 3 arrange B 1 ① 2 ④
C grow D 1 sort 2 burst 3 keep

DAY 05
A 1 fulfilled 2 proved 3 understand 4 examined
B ② C come D 1 broke 2 stands 3 point

DAY 06
A 1 planned 2 test 3 exhausted B ② C spell
D 1 Hear 2 burned[burnt] 3 filling

DAY 07
A 1 extinguish 2 distribute 3 excluding B 1 go
2 worn C 1 Reach 2 fades 3 drop 4 run

DAY 08
A 1 respect 2 vomit 3 accumulated B 1 ③ 2 ④
C hang D 1 lifted 2 pick 3 stay[sit]

DAY 09
A 1 raise 2 occupy B ② C 1 ③ 2 ① D 1
speed 2 started 3 warm 4 speak

DAY 10
A 1 approached 2 recover 3 endure B 1 ① 2 ③

DAY 11
A 1 explode 2 hide 3 abandon B 1 ② 2 ④
C wrap D 1 following 2 look 3 fill

DAY 12
A 1 summarize 2 devise 3 mention B 1 ① 2 ②
C made D 1 fix 2 picked 3 chop 4 showed
[turned]

DAY 13
A 1 resign 2 set 3 felling B 1 ① 2 ② C ② D 1
take 2 knelt

DAY 14
A 1 fall 2 reduce 3 suppress B 1 ② 2 ④ C ②
D 1 crack 2 slows 3 turn

DAY 15
A 1 scorns 2 refuse 3 began B 1 ④ 2 ①
C pin D 1 broke 2 tied 3 weighed

DAY 16
A 1 find 2 cleaned 3 demolished B ② C worn
D 1 burn 2 break 3 wiped

DAY 17
A 1 serving 2 undertake 3 happening B 1 ②
2 ③ C put D 1 try 2 hold 3 turn

DAY 18
A 1 chose 2 discover 3 ate B 1 ① 2 ③ C 1 ②
2 ② D 1 agreed 2 depends

DAY 19
A 1 set 2 brush B 1 ② 2 ③ C ③ D 1 took 2
kicks 3 Keep

DAY 20
A 1 disconnected 2 cancel 3 postpone B ①
C broke D 1 sealed 2 laid

DAY 21
p.98
A 1 went 2 pay B 1 ③ 2 ② C finished D 1 cool 2 ease

DAY 22
p.103
A 1 ignored 2 overturn 3 pass B 1 ① 2 ④ C get D 1 boils 2 falls 3 pulled

DAY 23
p.107
A 1 postponed 2 consider 3 repeat B ③ 2 ① 3 ② C 1 ① 2 ④ D 1 read 2 stay

DAY 24
p.112
A 1 suffering 2 derived 3 hear B 1 ④ 2 ③ C 1 depart 2 differs

DAY 25
p.116
A 1 attracts 2 becoming 3 cause B 1 ① 2 ④ C get D 1 referred 2 belongs 3 occurred[came] 4 yielded

DAY 26
p.120
A 1 ③ 2 ① B 1 ① 2 ③ C refer D 1 hold 2 preferred 3 stick[adhere/keep]

DAY 27
p.125
A ④ B 1 ② 2 ① 3 ③ C break D 1 carried 2 sent[turned]

DAY 28
p.129
A 1 died 2 disappearing 3 disappeared B 1 washed 2 throw C 1 worn 2 talking 3 gave 4 cut

DAY 29
p.133
A 1 ② 2 ③ B get C 1 ④ 2 ③ D 1 come 2 show 3 going

DAY 30
p.138
A 1 ② 2 ② B 1 ③ 2 ② C went D 1 look 2 broke

DAY 31
p.142
A 1 obtained 2 visited 3 went by B 1 ① 2 ④ C stand D 1 ② 2 ④

DAY 32
p.147
A ① B 1 hold 2 draw C 1 fall 2 Look 3 cut D 1 sit 2 get 3 go

DAY 33
p.151
A ② B 1 get 2 take C pay D 1 write[get] 2 turn[go/come]

DAY 34
p.156
A 1 ① 2 ④ B 1 ① 2 ③ C go D 1 cuts 2 get

DAY 35
p.160
A 1 resembles 2 causes 3 begin B 1 ① 2 ③ C go D 1 asked[inquired] 2 hear 3 look

DAY 36
p.165
A 1 requires 2 explain 3 consider B 1 ① 2 ② C care D 1 paying 2 make up 3 striving

DAY 37
p.169
A 1 attacked 2 represents B 1 ④ 2 ① 3 ③ C 1 ③ 2 ① D 1 took 2 speak

DAY 38
p.174
A 1 ④ 2 ② 3 ③ 4 ④ B ④ C 1 expect 2 dying 3 built 4 cheated

DAY 39
p.178
A 1 ③ 2 ① B 1 ② 2 ③ 3 ④ C 1 reminds 2 suspected 3 dream 4 accused 5 convince

DAY 40
p.182
A 1 encountered 2 matches 3 treating B 1 ② 2 ④ C 1 charged 2 agree D 1 rests 2 serves 3 do

DAY 41 p.185

1 to[with] 2 with 3 with 4 anything 5 anything
6 nothing 7 attend 8 attend to 9 attended to
10 are made of 11 is made from 12 care about
13 cared for 14 catch up with 15 keep up with

p.187

16 compared, with 17 compared to 18 anxious
about 19 anxious[eager] for 20 anxious[eager]
to 21 familiar with 22 familiar to 23 sure
of 24 sure to 25 concerned about[for] 26
concerned with 27 consists of 28 consists in
29 consisted with

p.189

30 at a time 31 At times 32 deals in 33 deal
with 34 died of 35 died from 36 for a moment
37 for the moment 18 hear of[about] 39 hear
from 40 is known as 41 is known for 42 broke
out 43 broke down

DAY 42 p.191

1 in time 2 on time 3 interfere with 4 interfere
in 5 of 6 on 7 at hand 8 on hand 9 Keep
[Bear], in mind 10 have in mind 11 on my mind
12 in control of 13 under, control

p.193

14 succeeded in 15 succeeded to 16 used to
17 used to 18 used to 19 out of mind 20 out
of her mind 21 provide for 22 provided, with
23 resulted in 24 resulted from 25 Only a few
26 quite a few 27 Subject to 28 are subject to

p.195

29 in charge of 30 on charges of 31 notes
on 32 took note 33 corresponds to
34 corresponding with 35 By the 36 in the
37 on the[my] 38 made, way 39 waited for
40 wait on 41 brought about 42 bring, back

DAY 43 p.197

1 for[by] 2 by 3 beside themselves 4 A
number 5 The number 6 up, down 7 ups,
downs 8 bound for 9 bound to 10 of 11 from
12 Far from 13 Apart from 14 Aside from

p.199

15 took place 16 take the place 17 one, the
other 18 one, another 19 one, another 20 may
well 21 may[might] as well 22 may[might], as
well 23 as it is 24 as it were 25 leave, alone
26 left, behind

p.201

27 ended in 28 end with 29 remember locking
30 Remember to 31 to the 32 On the 33 tends
to 34 intend to 35 puts, first 36 put forth
37 set off 38 set up

DAY 44 p.203

1 the latest 2 the earliest 3 at least 4 at
most 5 at ease 6 ill at ease 7 At best, at worst
8 dependent on[upon] 9 independent of
10 high[great] 11 low[poor/bad]

p.205

12 interested in 13 indifferent to 14 kept his
promise[word] 15 broke 16 by accident[chance]
17 on purpose 18 check in 19 check out 20
sold out 21 bought out

p.207

22 moved out, moved in 23 vote for 24 voted
against 25 on duty 26 off duty 27 count,
in 28 Count, out 29 in business 30 out of
business 31 go for 32 go against

DAY 45 p.209

1 in order 2 in order 3 out of order 4 out of
order 5 to 6 to, behind 7 in public 8 private,
public 9 looked up to 10 look down on[upon]
11 has to do with 12 has, to do 13 had nothing
14 speaks well of 15 speak ill[badly] of

p.211

16 lose 17 keep[control] 18 short of
19 abundant in 20 on the increase 21 on
the decrease 22 persuaded[talked], into
23 persuade[talk], out of 24 did, good 25 does,
harm 26 take, apart, put, together

p.213

27 to the point 28 to the point 29 beside the
point 30 turned on 31 turn, off 32 up to
33 out of 34 by no means 35 by all means
36 By all 37 what, better 38 what is worse
39 caught[got] sight of 40 lost sight of

DAY 46
p.215

1 of a sudden 2 at once 3 at once 4 accused
5 charged 6 charged with 7 a whole 8 the
whole 9 By and 10 the most part 11 at 12 at
13 attributed 14 ascribed, to

p.217

15 made fun of 16 laughed at 17 used
[accustomed] to 18 am, to 19 committed
20 cannot but 21 help 22 help but 23 as it
24 so to 25 after all 26 in the end 27 in the
long run

p.219

28 advantage of 29 use of 30 like 31 so
32 of 33 of 34 of 35 deal of 36 plenty of
37 a variety of 38 range of 39 along with 40 in
addition

DAY 47
p.221

1 before long 2 after a while 3 about 4 on
the point of 5 by 6 by 7 any chance 8 from
9 from 10 from 11 do my 12 tried[done]

p.223

13 above all 14 above 15 everything else 16 in
any 17 at any 18 for[with] all 19 In, of 20 for
nothing[free] 21 for nothing 22 free of charge
23 for 24 with, to 25 for the time being 26 for
the present

p.225

27 of 28 getting rid of 29 off 30 in 31 In
32 all 33 hurry[rush] 34 haste 35 in no time
36 without 37 needless, say 38 goes without
39 short[brief] 40 in 41 In a word

DAY 48
p.227

1 in place of 2 instead of 3 place 4 First
5 keeps 6 associate 7 by 8 degrees
9 degrees 10 wait 11 long 12 anxious 13 die

p.229

14 answer for 15 responsible 16 in charge
of 17 makes, rule 18 makes 19 makes,
practice 20 a practice of 21 majored 22 in
23 specializes, in 24 less 25 less 26 Next to
27 all 28 not only, but also 29 well as

p.231

30 fails to 31 never fails to 32 without fail
33 no less, than 34 as much, as 35 due
36 of 37 on account of 38 thanks to 39 aside
40 aside 41 aside 42 not less 43 at least

DAY 49
p.233

1 not, than 2 most 3 any more than 4 as
5 think of, as 6 so 7 Until 8 up to the present
9 when[before] 10 when[before] 11 than
12 take part 13 participate in

p.235

14 knowledge 15 far 16 away from 17 away
from 18 takes into 19 take, into 20 take
account 21 took 22 taking 23 went to 24 not
always 25 necessarily 26 not 27 entirely[quite]

p.237

28 As 29 in[with] 30 In[With] 31 As 32 as
to 33 in terms 34 When it comes to 35 forced
[compelled] 36 forced[compelled/obliged]
37 forced[compelled/obliged] to 38 without
39 go[do] without 40 back 41 back

DAY 50

p.239

1 most   2 best   3 occurred to   4 hit on[upon]
5 came to mind   6 now, then[again]   7 once
8 occasion   9 time, time   10 times   11 forth
12 fro[from]   13 earth   14 earth   15 world

p.241

16 let alone   17 not to speak of[to say nothing
of]   18 not to mention   19 say nothing   20 in
case   21 long   22 former   23 one   24 what
25 we[you/they]   26 aware of   27 conscious
of   28 is capable of   29 adept in   30 is bound to
31 supposed to

Memo

지은이

NE능률 영어교육연구소

NE능률 영어교육연구소는 혁신적이며 효율적인 영어 교재를 개발하고
영어 학습의 질을 한 단계 높이고자 노력하는 NE능률의 연구조직입니다.

능률 VOCA 〈숙어〉

펴 낸 이	주민홍
펴 낸 곳	서울특별시 마포구 월드컵북로 396(상암동) 누리꿈스퀘어 비즈니스타워 10층
	㈜NE능률 (우편번호 03925)
펴 낸 날	2023년 1월 5일 개정판 제1쇄 발행
	2023년 6월 15일 제2쇄
전 화	02 2014 7114
팩 스	02 3142 0356
홈 페 이 지	www.neungyule.com
등 록 번 호	제1-68호
I S B N	979-11-253-4101-7 53740
정 가	14,000원

NE 능률

고객센터

교재 내용 문의 : contact.nebooks.co.kr (별도의 가입 절차 없이 작성 가능)
제품 구매, 교환, 불량, 반품 문의 : 02-2014-7114 ☎ 전화문의는 본사 업무시간 중에만 가능합니다.

NE능률 교재 MAP

어휘

아래 교재 MAP을 참고하여 본인의 현재 혹은 목표 수준에 따라 교재를 선택하세요.
NE능률 교재들과 함께 영어실력을 쑥쑥~ 올려보세요!
MP3 파일 등 교재 부가 학습 서비스 및 자세한 교재 정보는 www.nebooks.co.kr 에서 확인하세요.

초1-2	초3	초3-4	초4-5	초5-6
	초등영어 단어가 된다 1	초등영어 단어가 된다 2 주니어 능률VOCA Starter 1	초등영어 단어가 된다 3 주니어 능률VOCA Starter 2	초등영어 단어가 된다 4

초6-예비중	중1	중1-2	중2-3	중3
주니어 능률VOCA 입문		주니어 능률VOCA 기본 능률VOCA 어원편 Lite	주니어 능률VOCA 실력	주니어 능률VOCA 숙어

중3-예비고	고1	고1-2	고2-3	고3
	능률VOCA 어원편 능률VOCA 고교기본 능률VOCA 숙어 TEPS BY STEP L+V Basic	능률VOCA 고교필수 2000	능률VOCA 수능완성 2200 특급 수능·EBS 기출 VOCA TEPS BY STEP L+V 1	

수능 이상/ 토플 80-89· 텝스 327-384점	수능 이상/ 토플 90-99· 텝스 385-451점	수능 이상/ 토플 100· 텝스 452점 이상		
TEPS BY STEP L+V 2	능률VOCA 고난도	TEPS BY STEP L+V 3		

10분 만에 끝내는 영어 수업 준비!

NE Tutor

NE Tutor는 NE능률이 만든 대한민국 대표 **영어 티칭** 플랫폼으로
영어 수업에 필요한 모든 콘텐츠와 서비스를 제공합니다.

www.netutor.co.kr

- **NE Tutor**
  - 커리큘럼
  - 스마트 문제뱅크
  - 수업자료
  - E-BOOK
  - 레벨테스트
  - 스마트 클래스
  - 세미나

— ☐ ✕

• 전국 영어 학원 선생님들이 뽑은 NE Tutor 서비스 TOP 3! •

1st. 스마트 문제뱅크 1분이면 맞춤형 어휘, 문법 테스트지 완성!!
문법, 독해, 어휘 추가 문제 출제 가능

2nd. 레벨테스트 학부모 상담 시 필수 아이템!!
초등 1학년부터 중등 3학년까지 9단계 학생 수준 진단

3rd. E-Book 이젠 연구용 교재 없이도 모든 책 내용을 볼 수 있다!!
ELT부터 중고등까지 온라인 수업 교재로 활용

NE_Tutor